365일 로드맵 바이블 성경통독

주님과 함께 현장과 함께(Ⅲ)

(마태복음 - 요한계시록)

이희만 저

有하

▌존경하는 이희만 목사님

주님의 이름으로 문안드립니다.

지금까지 교회 개척으로부터 현재 사역까지 목사님의 훌륭한 사역과 신학 학문에 관한 내용을 들으면서 목사님의 비전과 열정, 그리고 교회를 사랑하고, 영혼을 사랑하는 목사님의 목회철학을 잘 이해할 수 있었습니다.

무엇보다도 1991년 어린 딸 둘과 함께 교회를 개척하면서 전도하시며 교회를 정착, 부흥시킨 간증의 메시지는 매우 감동적이었습니다. 미국에서 제 아내와 함께 교회를 개척하여 크게 부흥시킨 경험이 떠올랐기 때문입니다.

저도 목사님의 성경 66권 성경강해 동영상 설교를 통해 많은 은혜와 도전을 받았습니다. 지금까지도 하나님께서 귀하게 사용하셨지만 앞으로 전 세계를 향하여 더 큰 역사를 이루리라 확신합니다. 이제 우리 학교에서 박사학위를 받으시면 우리 학교와 긴밀히 협조하여 앞으로 같이 동역할 기회가 있으리라 생각합니다.

칼빈국제대학교에서는 최규환 학장님의 추천을 받아들여 목사님께서 명예박사 학위(Doctor of Divinity)를 수여하기로 지난주에 결정하였습니다.

목사님께서 아시는 대로 우리 학교는 지난 2016년 11월 11일, 제가 초대 총장 그리고 이사장으로 초빙되어 전 세계 한인 목회자, 선교사들을 위한 박사과정으로 설립하고 지금까지 한국, 유럽, 미국에서 많은 목회자와 선교사들을 학문적으로 그리고 실천적으로 훈련하고 있는 교수의 멘토링 사역으로, 유럽과 미국의 학문방식을 따르고 있는 미국과 한국의 다른 신학교들과 많이 다르게 운영하고 있습니다. 제가 미국 풀러와 칼빈대학교에서 학위를 받고, 영국과 네덜란드에서 학위를 취득했기 때문입니다. 영국과 미국 네델란드에서 석사학위를 7개, 그리고 철학박사를 우리 개혁주의 본산지인 암스테르담의 아브라함 카이퍼가 세운 자유대학교에서 세계선교학으로 철학박사 학위를 받았습니다.

학문적인 학위도 이렇게 귀하지만, 명예박사 학위는 더 귀한 것입니다. 학문적인 학위는 개인적인 학문적 노력을 통해 학교 교수들의 능력인정을 받아 소정의 과목을 마치고 논문을 쓰면 누구나 받을 수 있습니다. 그러나 명예박사 학위는 본인이 원해서 받는 것이 아니라 다른 사람들과 교회, 신학교의 적극적인 추천으로 학교에서 그의 인성, 덕성, 지성 그리고 영성을 먼저 확인해 보고, 본인이 사역하고 있는 교회나 기관에서 인정과 존경을 받을 뿐만 아니라 십수 년의 사역을 통해서 적지 않은 열매를 맺어 목회자인 경우 교회의 변화와 부흥은 물론 사회와 교계에 큰 영향을 미치고 있는가를 확인하고 명예박사학위를 수여하고 있는 것입니다. 저는 1975년도 한국을 떠나 왔을 때와 지금은 학위에 대한 한국교회의 이해가 많이 달라졌다는 말을 듣습니다. 학문적 학위도 쉬운 학교에서 쉽게 받을 수 있다고 생각하고, 신학생들과 목회자들이 많이 있다고 생각하고 있고, 특히 명예박사의 경우는 약간의 후원금을 내면 누구에게나 모두 줄 수 있는 학위로 오해하고 있다는 말을 많이 듣습니다.

미국의 명예학위 수여식에서 일반 학문적으로 받는 박사들의 호명될 때에는 그저 앉아서 박수를 치지만 명예 박사 학위 수여자의 이름을 부를 때는 전 교수, 학생, 내빈들이 모두 일어나서 박수를 보내는 이유가 여기에 있습니다.

이희만 목사님은 모든 조건을 다 갖추신 훌륭한 존경받는 목회자로서 우리 학교에서 목사님께 학위 드리게 되는 것을 매우 기쁘게 생각하고 있습니다. 최규환 학장님의 적극적인 추천에 감사드립니다.

칼빈 국제 대학교

김 연 택 총장

추천사

A recommendation

에녹은 하나님과 함께 동행하던 사람이었습니다(창 5:24).

또 이사야 선지자의 '임마누엘'의 예언은 '하나님께서 함께 계심'에 관한 약속의 말씀이었습니다(사 7:14). 이 예언은 마태복음 1장 23절에 기록된 말씀처럼 예수 그리스도를 통하여 성취되었습니다. 또한 예수 그리스도께서 약속해 주신 보혜사 성령에 대한 말씀도 이 "함께 하심"의 주제를 담고 있었습니다 (요 14:16).

이처럼 하나님께서 우리 성도들에게 주신 많은 복과 은혜들 가운데, '하나님께서 우리와 함께 하시는 은혜'는 정말 크고도 놀라운 은혜라고 할 수 있습니다. 그렇다면 그리스도인들은 어떻게 주님과 동행하는 삶을 살아갈 수 있을까요? 매일 성경말씀을 읽고 묵상하며 살아가는 성도의 삶은 그 구체적인 하나의 길이 될 수 있을 것입니다.

하나님의 말씀 곧 구약과 신약에 기록된 성경말씀은 하나님께서 이 세상에 주신 진리입니다 (요 17:17). 그리고 이 말씀이 육신이 되어 우리 가운데 오셨는데, 그분이 바로 예수 그리스도라고 성경은 우리에게 가르쳐 주고 있습니다 (요 1:14-17). 그러므로 우리 그리스도인들은 하나님의 말씀과 동행하는 삶을 살아감으로써, 우리 주님과 함께하는 삶을 살아갈 수 있다고 하겠습니다.

이희만 목사님의 『주님과 함께 성령과 함께』는 '365일 매일 성경 일독'이라는 이 책의 소제목처럼, 책의 안내와 설명을 매일 한 장씩 읽고 따라가면서 읽어 가면 1년에 한 번 창세기부터 요한계시록까지 성경을 다 읽을 수 있도록 만들어진 책입니다. 한국 교회와 성도들 모두가 성경말씀과 동행함으로 하나님의 함께 하심을 체험하는 은혜와 복을 누리며 살아갈 수 있기를 바랍니다. 또한 이 책을 통하여 성도들과 목회자들과 신학생들까지 모든 그리스도인이 큰 도움을 받을 수 있기를 소원하는 마음으로 이 책을 추천하는 바입니다.

'임마누엘'의 은혜가 이 책을 읽으며, 1년에 구약과 신약의 성경말씀을 1독하고자 다짐하는 모든 이들과 함께 하시기를 바랍니다.

2018년 2월 20일

장로회신학대학교 총장 임 성 빈

추천사

A recommendation

이번에 이희만목사님께서 365일 로드맵 바이블 성경통독 『주님과 함께 성령과 함께』(전3권)라는 책을 내시게 되었다.

이 책은 창세기부터 요한 계시록까지 365일 동안 공부하도록 만들어졌다. 성경을 연구하는 모든 분들에게 크게 유익이 될 것이다. 특히 이 책은 목사님의 칼빈 국제 대학교에서 수여하는 명예박사 학위를 받는 기념으로 발간되므로 그 의미가 크다 하겠다.

주님을 믿는 성도들은 하나님의 말씀인 성경을 가까이 해야 하고 영적으로든 지식적으로든 성경을 잘 알아야 주님의 뜻을 알고 주의 제자로 성장해 나간다 하겠다.

그런 의미에서 이 책은 한국교회에 크게 공헌하는 책이 될 것으로 믿는다.

2018년 3월

실로암세계 선교회 대표 한 양 훈 목사

머리말

PREFACE

교회 가면 밥이 나오냐, 국이 나오냐

교회 개척 초기에 전도하러 가서 아파트 문을 두드렸는데, 방에서 아저씨가 나오면서 물 한 바가지를 퍼부으며 외친 말이다. 그 물이 전도하는 여 집사님의 얼굴에 튀었다. 그 집사님은 교회 등록한 지 얼마 되지 않았으나 목사가 전도하러 간다고 하니 그날따라 시간이 생겼다고 하면서 따라 나왔다. "집사님, 고통을 당해서 어떻게요?" 나는 안타까워하며 위로를 했다. 전도하다가 창피를 당했으니 교회를 나오지 않으면 어떻게 하나 싶기도 했다. 그런데 집사님은 "괜찮아요, 전도하다가 이렇게 된 것도 영광이지요 뭐"라고 말하는 것이다. '후우', 마음이 안심되었다. 그러나 그때 그 말이 내 귓가에 맴돌았다.

그 후 약 십 년이 지나면서 교회가 부흥하여 성전을 건축하게 되었다. 그런데 성전 건축이 시작되자마자 웅성웅성하더니 많은 성도가 교회를 옮기는 것이다. 교회건축이 부담된다는 뜻이다. 그때 예전에 전도할 때 들었던 음성이 귀에 쟁쟁하게 들려왔다.

"교회 가면 밥이 나오냐, 국이 나오냐?"

그래서 하나님께 기도했다. 세상 사람들도 먹고사는 것이 힘들지만, 성도들도 세상 사는 것이 힘들다. 교회는 피난처와 같은 곳이라 생각하면서 신앙 생활하는데 교회를 짓는다고 하니 부담이 되어 교회를 떠나는 것이다.

"하나님, 세상 사람들이 하는 저 질문에 답을 주십시오. 하나님은 성전을 지으시면서 답을 주세요. 저는 성경을 읽으면서 해답을 찾겠습니다."

이렇게 기도하면서 1년 성경 1독 표를 만들어 성경을 계속 성도들과 함께 읽었다. 감사한 것은 귀신들려서 망가져 가는 한 가정이 성경을 암송하며 성경 공부하는 중에 귀신에게서 자유로워졌다. 그 가정은 감사의 뜻으로 아파트를 헌납하였다. 성경을 70번 읽은 성도는 계속 성경을 읽는 중에 하나님의 은혜가 감사하다며 상가를 헌납했다. 어떤 성도는 성전 건축을 위하여 일본에 파출부로 가서 일하여 1년 치의 월급을 보내왔다. 남아 있는 성도들은 정성을 다하여 성전 건축에 참여했다. 주일이면 오전 예배를 드리고 교회 건축 현장에서 먼지를 뒤집어쓰면서 일을 했다. 분에 넘치는 헌금을 하는 성도들을 보면 눈시울이 뜨거워졌다. 성경 속에 길(roadmap)이 확실히 있음을 알았다(렘31:21). 그래서 이런 경험을 같이 나누며 인생의 문제를 해결하기 위하여 성경통독연구원(http://roadmapbible.com)을 개설하여 교육하고 있다.

이번에 박사학위를 받으면서 그때 묻어 두었던 내용을 꺼내어 책을 만들고 해답이 필요한 사람들과 공유하고 싶었다. 오늘도 처절한 생존 경쟁의 삶에서 해답이 필요한 사람들에게 도움이 되었으면 좋겠다.

이 책이 나오기까지 물심양면으로 고생하며 후원한 나의 아내 최현명 님과 세 딸 은진, 은성, 은송에게 감사드리며, 출판의 모든 과정을 잘 감당해주신 한양훈 목사님에게 깊은 감사를 표현하고 싶다.

2018. 3. 1.

이 희 만 목사

이 책의 사용 방법

Application method

이 책은 역사의 의미를 통하여 시대순으로(특히 예언서, 신약) 작성하여 하나님의 시대적인 음성을 듣도록 만든 책이다.

또한, 매일 성경 읽기표를 함께 참여자가 1년에 1번 읽으므로 천지 창조에서 새 하늘 새 땅에 이르기까지 신앙 여정을 체험하도록 만든 책이다. 1권, 『주님과 함께 성령과 함께』로 시작하여 2권에서 『그 말씀이 주님과 함께 예언자와 함께』하는 음성으로, 3권에서는 좀 더 구체화하여 『주님과 함께 현장과 함께』 현지화된 주님의 음성이 생생하게 들리도록 기록했고, 3년간 교회에서 성도들의 체험을 통하여 검증된 책이다.

그러므로 다음에 유의하여 읽으면 좋겠다.

1. 해당 날짜에 맞추어 매월 성경 읽기표에 V표시를 하고 이 책을 편다.
2. 해당 날짜에 기록한 성경 내용을 성경을 펴서 읽는다.
3. 해당 날짜에 맞추어 이 책의 내용을 읽는다.
4. 글자에 매이지 말고 전체 속에서 하나님이 오늘 나에게 주시는 생생한 말씀에 관심을 기울인다.
5. 내 마음에 부딪히는 말씀은 신속하게 밑줄을 긋고, 0 표시도 하면서 말씀을 따라간다.
6. 하나님과 대화하듯 질문도 적어보고 내 느낌도 적어본다.
7. '오늘의 묵상'을 읽고 그 질문에 대한 답을 성경을 읽는 중에, 이 책의 내용을 읽는 중에 마음속에 자리 잡은 말씀을 솔직하게 적어 본다. 그리고 오늘 나에게 주시는 말씀을 정리한다.
8. 교회나 공동체에서 지도자(담임 목사나 담임 교역자면 더욱 좋다)에게 일주일 분량의 오늘 묵상한 내용을 보여 주어 하단부의 매일 성경 읽기표에 V 표시를 하여 교회가 지도자의 신앙지도에 도움이 되게 한다.

9. 교회는 성경 통독의 모임에 참여하는 성도들이 주일이나 구역회 모임이나 만남의 시간을 통하여 그동안의 묵상한 말씀을 함께 나누며 친밀감을 더하게 한다.
10. 지도자는 1년의 프로그램 속에서 매일 성경 읽기를 장려하고 복음의 진보를 보이는 성도에게 상을 주어 격려하면서 교회가 성경 중심으로 성령 체험과 증인된 삶을 살도록 방향을 제시한다.
11. 성경 읽기에 참여하는 자 중에서 사명자를 발굴하여 로드맵 성경 통독연구원(http://roadmapbible.com)에서 훈련받아 전문가가 되어 성경 읽기에 진보를 더하게 한다.

차례

CONTENTS

- 추천사(칼빈국제대학교 김연택 총장) • 3
- 추천사(장로회신학대학교 임성빈 총장) • 5
- 추천사(실로암세계선교회 대표 한양훈 목사) • 7
- 머리말 • 8
- 이 책의 사용 방법 • 10

1권 : 창세기 - 느헤미야

2권 : 욥기 - 말라기

3권 : 마태복음 - 요한계시록

- 3권 차례 -

10월 7일 성경일독(280) 신약 1일 마태복음 1-4	정통성을 갖춘 왕으로서의 사역	18
10월 8일 성경일독(281) 신약 2일 마태복음 5-7	십계명의 완성으로서 산상수훈	20
10월 9일 성경일독(282) 신약 3일 마태복음 8-10	왕권 사역과 제자 선택	22
10월 10일 성경일독(283) 신약 4일 마태복음 11-13	왕권과 배척	24
10월 11일 성경일독(284) 신약 5일 마태복음 14-16	배척과 그리스도의 자기 계시	26
10월 12일 성경일독(285) 신약 6일 마태복음 17-20	천국의 기본 원리	28
10월 13일 성경일독(286) 신약 7일 마태복음 21-23	예루살렘 입성	30
10월 14일 성경일독(287) 신약 8일 마태복음 24-25	말세를 위한 준비	32
10월 15일 성경일독(288) 신약 9일 마태복음 26-28	예수님의 십자가와 부활 사건	34
10월 14일 성경일독(289) 신약 10일 마가복음 1-3	충성된 종으로 오신 예수님	36
10월 17일 성경일독(290) 신약 11일 마가복음 4-5	비유를 통한 교육과 천국 사역	38
10월 18일 성경일독(291) 신약 12일 마가복음 6-8	5병2어와 7병2어 사건	40
10월 19일 성경일독(292) 신약 13일 마가복음 9-10	십자가와 부활 예고	42
10월 20일 성경일독(293) 신약 14일 마가복음 11-12	예루살렘 입성과 강론	44
10월 21일 성경일독(294) 신약 15일 마가복음 13-14	주님의 십자가 지실 준비	46
10월 22일 성경일독(295) 신약 16일 마가복음 15-16	십자가 사건과 부활증거	48
10월 23일 성경일독(296) 신약 17일 누가복음 1-2	예수님의 탄생과 어린 시절	50
10월 24일 성경일독(297) 신약 18일 누가복음 3-4	예수님의 사역준비	52

10월 25일 성경일독 (298) 신약 19일 누가복음 5-6 제자 선택과 훈련 54
10월 26일 성경일독 (299) 신약 20일 누가복음 7-8 오실 그이 56
10월 27일 성경일독 (300) 신약 21일 누가복음 9-10 12제자 훈련과 70인 훈련 58
10월 28일 성경일독 (301) 신약 22일 누가복음 11-13 제자 훈련 핵심(1) 60
10월 29일 성경일독 (302) 신약 23일 누가복음 14-16 제자 훈련 핵심(2) 62
10월 30일 성경일독 (303) 신약 24일 누가복음 17-18 제자 훈련 핵심(3) 64
10월 31일 성경일독 (304) 신약 25일 누가복음 19-20 예루살렘 입성 66
11월 1일 성경일독 (305) 신약 26일 누가복음 21-22 성만찬과 종말의식 68
11월 2일 성경일독 (306) 신약 27일 누가복음 23-24 예수님의 부활과 최종 관심 70
11월 3일 성경일독 (307) 신약 28일 요한복음 1-3 말씀이 육신이 되심과 첫 기적 72
11월 4일 성경일독 (308) 신약 29일 요한복음 4-6 38년 병자와 오병이어의 5,000명 74
11월 5일 성경일독 (309) 신약 30일 요한복음 7-8 초막절에 생긴 일 76
11월 6일 성경일독 (310) 신약 31일 요한복음 9-11 생명의 빛과 부활의 주인 되신 예수님 78
11월 7일 성경일독 (311) 신약 32일 요한복음 12-13 성만찬과 사랑의 계명 80
11월 8일 성경일독 (312) 신약 33일 요한복음 14-15 너희는 마음에 근심하지 말라 82
11월 9일 성경일독 (313) 신약 34일 요한복음 16-17 성령강림의 약속과 중보기도 84
11월 10일 성경일독 (314) 신약 35일 요한복음 18-19 예수님의 십자가 사역 86
11월 11일 성경일독 (315) 신약 36일 요한복음 20-21 부활과 선한 목자 사역의 위임 88
11월 12일 성경일독 (316) 신약 37일 사도행전 1-3 초대 교회 탄생과 성령의 역사 90
11월 13일 성경일독 (317) 신약 38일 사도행전 4-6 말씀의 확산과 집사의 선택 92
11월 14일 성경일독 (318) 신약 39일 사도행전 7-9 스데반의 설교와 선교의 문 넓히기 94
11월 15일 성경일독 (319) 신약 40일 사도행전 10-12 이방으로 전도할 준비를 하는 교회 96
11월 16일 성경일독 (320) 신약 41일 사도행전 13-15 제1차 전도여행 98
11월 17일 성경일독 (321) 신약 42일 사도행전 16-18 제2차 전도여행, 복음의 확장 100
11월 18일 성경일독 (322) 신약 43일 사도행전 19-21 3차전도 여행, 세계 복음화의 씨앗 102
11월 19일 성경일독 (323) 신약 44일 사도행전 22-25 바울의 변증 메시지 104
11월 20일 성경일독 (324) 신약 45일 사도행전 26-28 로마에 가는 여정 106
11월 21일 성경일독 (325) 신약 46일 갈라디아서 1-3 복음의 핵심가치 108
11월 22일 성경일독 (326) 신약 47일 갈라디아서 4-6 참 자유와 성령의 열매 110

11월 23일 성경일독(327) 신약 48일 야고보서 1-5 신앙의 실천내용과 열매 …… 112
11월 24일 성경일독(328) 신약 49일 데살로니가 전서 1-5 재림에 대한 소망 …… 114
11월 25일 성경일독(329) 신약 50일 데살로니가 후서 1-3 재림의 준비 …… 116
11월 26일 성경일독(330) 신약 51일 고린도 전서 1-4 교회분쟁의 원인과 자랑의 내용 …… 118
11월 27일 성경일독(331) 신약 52일 고린도 전서 5-8 일상생활에 대한 해답 …… 120
11월 28일 성경일독(332) 신약 53일 고린도 전서 9-11 거룩함의 본보기 …… 122
11월 29일 성경일독(333) 신약 54일 고린도 전서 12-14 은사와 은사 사용하기 …… 124
11월 30일 성경일독(334) 신약 55일 고린도 전서 15-16 부활장과 마지막 권면 …… 126
12월 1일 성경일독(335) 신약 56일 고린도 후서 1-4 사도의 직분과 향기 …… 128
12월 2일 성경일독(336) 신약 57일 고린도 후서 5-9 사도직 충실과 연보 …… 130
12월 3일 성경일독(337) 신약 58일 고린도 후서 10-13 사도권의 확립 …… 132
12월 4일 성경일독(338) 신약 59일 로마서 1-3 복음의 시작 …… 134
12월 5일 성경일독(339) 신약 60일 로마서 4-7 믿음의 시작에서 성화까지 …… 136
12월 6일 성경일독(340) 신약 61일 로마서 8-11 성령의 법과 구원받은 사람 …… 138
12월 7일 성경일독(341) 신약 62일 로마서 12-14 성도의 실천 내용 …… 140
12월 8일 성경일독(342) 신약 63일 로마서 15-16 성도의 실천 내용(2) …… 142
12월 9일 성경일독(343) 신약 64일 에베소서 1-3 교회의 기초 …… 144
12월 10일 성경일독(344) 신약 65일 에베소서 4-6 교회생활과 실천내용 …… 146
12월 11일 성경일독(345) 신약 66일 빌립보서 1-4 현장에서의 기쁨 …… 148
12월 12일 성경일독(346) 신약 67일 골로새서 1-4 예수 그리스도의 유일성 …… 150
12월 13일 성경일독(347) 신약 68일 빌레몬서 1, 디모데 전서 1-3 교회를 섬길 자의 조건 …… 152
12월 14일 성경일독(348) 신약 69일 디모데 전서 4-6 교회 섬김의 조건 …… 154
12월 15일 성경일독(349) 신약 70일 디도서 1-3 그레데에 남게 하신 이유는? …… 156
12월 16일 성경일독(350) 신약 71일 디모데 후서 1-4 바울의 최후 부탁 …… 158
12월 17일 성경일독(351) 신약 72일 베드로 전서 1-5 고난 중에 인내 …… 160
12월 18일 성경일독(352) 신약 73일 베드로 후서 1-3 이단 앞에 서 있는 신앙 …… 162
12월 19일 성경일독(353) 신약 74일 히브리서 1-3 신앙의 모델인 예수 그리스도 …… 164
12월 20일 성경일독(354) 신약 75일 히브리서 4-7 여호수아와 대제사장보다 높으신 예수님 166
12월 21일 성경일독(355) 신약 76일 히브리서 8-10 옛 법과 새 언약의 실체인 그리스도 …… 168

12월 22일 성경일독(356) 신약 77일 히브리서 11-13 믿음의 증인과 믿음의 경주 ······ 170
12월 23일 성경일독(357) 신약 78일 요일 1-5 신앙의 영적 생활(1) ······ 172
12월 24일 성경일독(358) 신약 79일 요이, 요삼, 유다서 신앙의 영적 생활(2, 3) ······ 174
12월 25일 성경일독(359) 신약 80일 계시록 1-3 요한이 본 것과 7교회에 부탁한 말씀 ······ 176
12월 26일 성경일독(360) 신약 81일 계시록 4-7 인을 떼시는 분과 여섯째 인 ······ 178
12월 27일 성경일독(361) 신약 82일 계시록 8-11 일곱 나팔의 심판과 증인들 ······ 180
12월 28일 성경일독(362) 신약 83일 계시록 12-15 역사의 회고와 성도의 휴거 ······ 182
12월 29일 성경일독(363) 신약 84일 계시록 16-18 7대접의 재앙과 심판 ······ 184
12월 30일 성경일독(364) 신약 85일 계시록 19-20 어린양의 혼인 잔치와 천년왕국 ······ 186
12월 31일 성경일독(365) 신약 86일 계시록 21-22 최후의 승리자와 새 하늘 새 땅 ······ 188

1년 365일 매일 성경 읽기표 / 190

365일 로드맵 바이블 성경통독

주님과 함께
현장과 함께(Ⅲ)

마태복음-요한계시록

정통성을 갖춘 왕으로서의 사역

1장은 왕의 족보와 왕의 탄생을 통하여 정통성을 확인해주고 있다. 유다의 정통성은 아브라함 언약(창12:1-3)이 시내 산 언약을(출19:5-6)을 통하여 다윗 약속(삼하7:12-16)으로 영원한 언약을 맺으셨다. 그러므로 아브라함과 다윗은 메시아 왕국의 정통성인데 이를 통하여 예수가 태어났다는 것이다. 이 족보는 아브라함에서 다윗까지 그 정통성을 주장할 수 있도록 약속이 확립되었다. 그렇다면 다윗부터 바벨론까지는 축복의 통로 역할의 과정을 통과했고, 바벨론 포로 생활에서는 왕국이 파괴된 것처럼 보이나 여고냐(여호야긴, 1:11)가 아들이 없어 거기서 아들을 낳아 대를 잇게 했으며, 왕의 정통성을 확보하게 하셨다. 백성은 메시아에 대한 간절한 믿음을 사모하게 되었고, 그 결과 메시아 탄생을 통하여 언약 완성의 길이 열린 것이다. 특이한 것은 다말, 라합, 룻, 밧세바, 마리아를 통과하면서 이방 여인들이 죄인임에도 왕의 족보에 들어와서 모든 인간의 장벽이 무너졌다는 것이다. 그 이름이 바로 예수인데, 그 이름은 모든 백성을 죄에서 구원할 자로서 창세기 3장 15절의 완성이다. 또한 구약의 흑암의 권세에서 이사야가 외친 임마누엘의 하나님이 육체로 오신 것이다(사7:14).

2장은 유대인의 왕으로 나신 이의 정통성을 재차 강조하고 있다. 헤롯왕은 에돔 족속으로 유대인의 왕으로 인정을 받지 못했다. 따라서 유대인의 법적 계승자를 찾는다는 말에 헤롯은 당황한다. 그 메시아는 한 별을 따라 예고된다(민24:17). 그 그리스도는 베들레헴(미5:2)에서 탄생하셨고, 처녀가 잉태한 사건(사7:14)의 조건을 갖춘 분으로 메시아이시다. 그분은 황금, 유향, 몰약을 받기에 합당한 분이시다.

3장은 예수님이 오시기 전 세례요한의 등장을 통해 메시아의 정통성을 강조한다. 400년 전, 말라기 선지자를 통하여 "내가 내 사자를 보내어 내 길을 예비할 것"

이라고 예언했다(말3:1). 세례 요한은 이사야의 예언대로 메시아 오실 길을 예비하는 말씀을 전했고(사40:3-5), 예수님에게 세례를 드리면서 공인으로서 하나님의 사역을 할 수 있는 길을 열어 놓았다. 이때 세례 예식을 통하여 공적으로 하나님의 음성이 검증되고, 성령님의 임재를 통하여 성삼위 일체의 지원 속에서 하나님 나라 사역을 본격적으로 시작하신다.

4장은 시험을 통과하면서 하나님의 사역 내역을 확신하셨다. 먼저 그 시험에 통과하기 위한 사역에 성삼위가 함께하시는 것을 볼 수 있다. 하나님이 광야로 인도하셨고, 성자로서 예수님은 순종(히5:8)하시고, 성령님은 말씀을 생각나게 하시므로(요14:26), 광야의 40년을 줄인 40일의 생활을 하였다. 사실 이스라엘의 광야생활은 허니문(honey moon)기간이다. 애굽의 종노릇에서 빠져나와 시내 산 계약(출19:5-6)으로 결혼계약을 맺어 하나님의 백성, 하나님의 신부로서 소속감을 느끼게 하시고, 40년 동안 만나와 메추라기를 먹으며 구름 기둥과 불 기둥으로 주님과 함께 거닐며, 애굽에서 느껴보지 못한 하나님의 위대함과 사랑함을 느끼는 순간이었다. 그러기에 하나님과 함께 하는 생활은 먹고 사는 것은 육신적인 음식이 아니라, 하나님이 주시는 의와 평강과 희락이다(롬14:17). 이것을 느끼고 하나님의 말씀에 순종하면 가시, 덫, 올무 채찍(수23:13)과 가난, 질병, 전쟁(무직), 흩어짐(고독)의 4대 문제에서 빠져나올 수 있다(렘29:18, 겔5:12, 사61:1). 이것을 광야의 마귀와 싸움에서 정확하게 하나님 말씀으로 해답을 제시하여 승리하고, 현장에서 하나님 나라의 사역을 시작하신다. 이를 이루는 사역의 시작은 제자 발굴과 함께 연속성을 만들어 나가셨다.

오늘 묵상의 말씀

예수님의 사역은 왕의 정통성과 어떤 연관이 있는가?

십계명의 완성으로서 산상수훈

5장은 산상수훈으로 십계명의 완성품을 보여주셨다. 구약의 하나님 백성은 십계명을 지킴으로써 하나님 나라 백성이 되었다. 그래서 십계명을 지켜야 하고 여기에서 나온 것이 모세오경이요, 모세오경을 통하여 613가지 조항을 지켜야 했다. 그러나 세월이 지나면서 하나님과 인격적인 관계는 잊어버렸고, 부정적인 측면만이 남아서 일반 국민이 다가가기에는 너무 어려운 정황이었다. 이럴 때 우리 예수님은 율법의 말씀을 가장 쉽게 알려 주셨다. 그것은 하나님과의 관계가 회복되고 보니 복 있는 사람이 되어있다는 것이다.

심령이 가난하면 하나님을 더 갈망하게 되어 복이 있다. 애통하면 하나님의 더 큰 위로가 있으니 복이 있다. 온유하면 하나님 나라의 영역이 넓어지니 복이 있다. 의에 주리고 목마르면 영적 은혜에 배부름을 사모하게 되어 좋다. 긍휼히 여기면 긍휼히 여김을 받는 축복이 있어서 좋다. 마음이 청결하면 하나님과 만남의 장벽이 없어져서 하나님을 만나게 되어 행복하다. 화평하게 하는 자는 하나님의 자녀라는 인정받는다. 의를 위하여 핍박을 받으면 천국의 특권을 누리니 행복한 것이다. 그러므로 하나님 나라를 위하여 핍박을 받을 때 기뻐하고 즐거워할 필요가 있다. 하늘에서 상이 크기 때문이다.

이를 위하여 빛이 되고 소금이 되려고 할 때 많은 사람에게 행복이 전달될 것이고, 이때 하나님의 백성으로서의 축복을 누리게 된다. 이것은 율법과 선지자의 말씀을 완성하는 핵심가치요, 율법의 일점일획도 없어지지 않고 다 이루어질 것이다. 이렇게 하여 하늘나라의 헌장을 오늘을 사는 우리에게 명쾌하게 주셨다.

6장은 우리의 기도를 하나님 나라를 위하여 방향을 맞추라는 내용이다. 1) 구제할 때 사람에게 보이려고 할 때가 있었다. 그러나 지금은 은밀한 중에 보시는 하나님을 위하여 구제하라. 2) 기도할 때 사람에게 보여주기 위해 기도할 때가 있었다. 그러나 지금은 은밀한 중에 보시는 하나님 아버지께 기도하라. 그러면서 '너희는 이렇게 기도하라(6:9)'라고 구체적으로 기도하는 내용을 가르쳐 주었다. 3) 금식할 때에도 사람에게 보이려고 하지 말고 은밀한 중에 계시는 아버지에게 보이려고 하라. 4) 재물을 쌓아두는 것도 하늘나라의 아버지께 쌓아두라. 거기는 좀이나 동록이 해하지 못하며 도적질도 못한다. 5) 이 땅에서 '무엇을 먹을까 무엇을 마실까 무엇을 입을까?' 염려하지 말라. 너희 하늘의 아버지께서 이 모든 것이 다 있어야 할 줄을 아시느니라.

"그러므로 너희는 먼저 그의 나라의 그의 의를 구하라 그리하면 이 모든 것에 너희에게 더하시리라."

7장은 행위의 열매에 관한 내용을 기록하고 있다. 1) 비판하지 말라. 비판하는 것이 선악과와 같다. 자꾸 비판(비난)하게 되면 그것을 나눠주는 자마다 망한다. 하나님 나라의 양식은 하나님의 의와 평강과 희락이다. 이 관점에서 사람들을 바라보며 8복의 관점에서 사람들을 바라볼 때 하나님의 나라가 이루어질 것이다. 2) 그 대신 하나님께 구하라. 구하는 이마다 얻을 것이요, 찾는 이가 찾을 것이요. 두드리는 이에게 열릴 것이다. 하나님 아버지는 구하는 자에게 좋은 것을 주시므로 하나님께 구하라는 것이다. 남을 비판하면 비판을 받고, 남을 대접하면 대접을 받는 것은 율법과 선지자의 중요한 핵심 가치임을 기억하라는 것이다. 이런 것을 지키는 것은 비록 좁은 문이지만 지키면 영생으로 인도하는 문이다.

중요한 것은 열매이다. 그의 열매로 인생을 말한다. 결론적으로 말하면 '이 왕의 말씀에 순종하면 반석 위에 지은 집처럼 무너지지 않는 천국의 축복을 누릴 것'이다.

오늘 묵상의 말씀

천국 생활의 원칙이 되는 팔복을 어떻게 적용되고 있을까?

왕권 사역과 제자 선택

8-9장은 10가지의 기적을 통해서 왕권이 발휘하여 어둠의 세력을 몰아내고, 10장에서는 지속적인 사역을 위하여 12지파를 상징하는 12제자를 선택하여 훈련하신다.

8장에서는 먼저 5가지 기적이 소개된다. 1) 문둥병을 고치셨다. 문둥병은 치명적인 전염병이요, 문둥병으로 인정되면 옷을 찢고 머리를 풀고 윗입술을 가리고 "부정하다. 부정하다" 외쳐서 사람이 접근하지 못하도록 하라는 것이 규정이 있다(레 13:45). 인격적인 대우를 무시당하고, 하나님에게 저주받은 것처럼 지내야 하니 얼마나 고통인가? 그런 자가 예수님께 뛰어왔다. 법을 초월하고 예수님을 만나면 나을 수 있다는 믿음이 있었다. 예수님은 그 믿음을 보시고 "내가 원하노니 깨끗함을 받으라" 하셨더니 나았다. 이것이 주님의 위력이다. 말씀 한마디로 고치셨다. 그러면서도 그 당시 관례로서 '제사장에게 가서 보이고 나았음을 증명받는' 절차는 무시하지 않으셨다. 2) 백부장 하인의 병을 고쳐 주셨다. 백부장은 로마 군인의 권세를 가졌다. 그리고 예수님은 피식민지 청년이다. 그런데도 백부장은 예수님께 와서 병 낫기를 간구했다. 그의 겸손한 믿음은 하나님의 능력을 인정하는 믿음이다. 우리 주님이 그의 신하의 병을 고쳐주셨다. 그러면서 "내가 이스라엘에 이만한 믿음을 보지 못했다"라고 칭찬해 주셨다. 이것은 유대인이든 이방인이든 모두 예수님의 통제 안에 있다는 것을 보여주는 대목이다. 3) 베드로 장모의 열병을 고쳐주었다. 베드로의 장모님이 아프면 전적으로 주의 일을 도와줄 수가 없다. 그래서 그의 장모의 병을 고쳐 주었다. 그러면서 "우리 약한 것을 친히 담당하셨도다(사53:4)"라는 말씀을 성취하셨다. 이런 광경을 보고 제자가 되기 위하여 어디든지 좇겠다는 사람들을 보고 '여우도 굴이 있고 공중의 새도 거처가 있으되 오직 인자는 머리 둘 곳이 없다'라고 말씀하셨다. 4) 바다의 물결을 잔잔하게 하시면서 자연을 다스리는 권세를 보여 주셨다. 5) 거라사 지방의 귀신들린 자를 만나, 그 귀신들을 돼지 떼에 들어가게 해서 귀신을 쫓아내시면서 건강을 회복하게 하셨다.

9장에서도 예수님의 나머지 기적이 이어진다. 6) 중풍병자를 고치셨다. 그리고 레위로서 세관을 일보던 마태를 제자로 부르셨다. 7) 야이로의 딸의 병을 고쳐 주셨다. 8) 혈루증 여인을 고쳐 주셨다. 9) 두 소경의 눈을 만져주시면서 낫게 하셨다. 10) 귀신들리고 벙어리 된 자를 고쳐주셨다.

이렇게 10가지 왕적 권세를 가지고 사역하셨다. 이 사역을 하기 위해 3가지 사역에 집중하셨다. 1) 두루 다니시면서 가르치셨다. 2) 천국 복음을 전파하셨다. 3) 모든 병과 약한 것을 고쳐 주셨다. 이 3대 사역을 하다 보니 "추수할 것은 많되 일군은 적어서 청하여 추수하는 주인에게 일군을 보내어 주소서 하라"라고 제자들에게 기도하라고 말씀하셨다.

10장에서는 12제자를 부르셔서 더러운 귀신을 쫓아내며, 모든 병과 모든 약한 것을 고치는 권능을 주셨다. 그리고 현장으로 바로 보내셨다. 1) 이방인의 길로도, 사마리아인의 고을로도 가지 말라. 이스라엘의 잃어버린 양의 집으로 가라. 이것은 언약의 성취이다(창12:1-3, 사60:3). 2) 그리고 예상되는 반응을 알려주었다. "마치 양을 이리 가운데 보낸 것 같아서 뱀같이 지혜롭고 비둘기 같이 순결하게 하라. 그때 성령께서 할 말을 가르쳐 줄 것"이라고 했다. 3) 일꾼을 위로한다. 두려워 말라. 누구든지 사람 앞에서 시인하면 나도 하나님 아버지 앞에서 시인하리라. 4) 훈계받는 일꾼, 세상에 화평을 주러 온줄 생각하지 말라 검을 주러 왔노라. 5) 보상받는 일꾼, 누구든지 제자 이름으로 냉수 한 그릇 대접하면 그 사람은 결단코 상을 잃지 아니하시리라.

오늘 묵상의 말씀

하늘나라를 위해 어떤 사역에 참여하며 제자를 발굴하고 있는가?

왕권과 배척

11장은 왕권에 대해 도전을 한다. 이 왕권 도전은 16장까지 진행된다. 먼저 요한이 제자들이 보내어 질문했다. “오실 그이가 당신이니이까? 아니면 우리가 다른 이를 기다리오리이까?” 세례 요한은 감옥에 갇힌 상태에서 악을 극복하고 그의 나라를 설립하기 원했다.

“소경이 보며, 앉은뱅이가 걸으며, 문둥이가 깨끗함을 받으며, 귀머거리가 들으며, 죽은 자가 살아나며, 가난한 자에게 복음이 전파된다 하라. 이 사역은 예언자의 사역(렘29:18, 겔5:12, 사35:1:61:1)을 완성하는 사역이다. 그러면 너희가 무엇을 보려고 광야에 나갔더냐? 바람에 흔들리는 갈대냐? 아니면 부드러운 옷 입은 자들이더냐? 아니면 너희가 무엇을 보려고 나갔더냐? 그게 아니라 요한을 보러 온 줄 안다. 그 요한은 여자가 나은 자 중에 제일 큰 자다. 그러나 천국에서는 가장 작은 자가 요한보다 크다” 예수님께서 하신 이 말씀은 제자들이 그만큼 좋은 위치에 있다는 말이다. 그러면서 “천국은 침노하는 자의 것”이라고 말씀하신다. 이는 흔들림 없이 왕권과 그의 제자훈련을 통하여 축복의 위대함을 강조하고 있다. 그러나 이것을 모르는 사람들이 있다. 피리를 불어도 춤추지 아니하고 애곡하여도 가슴을 치지 아니한다, 즉 왕 되신 예수의 말씀을 거역한 고라신, 벳새다를 저주하고 있다. 그러면서도 주님은 그들을 사랑하시기에 초대한다. “수고하고 무거운 짐 진 자들아, 내게로 오라 내가 너희를 쉬게 하리라.”

12장에서는 왕으로 오신 예수님의 권위에 대해 논쟁을 하고 있다.

1) 안식일에 일하심이다. 예수님이 안식일에 밀밭 사이로 지나가는데, 시장하여 제자들이 이삭을 잘라 먹었다. 이는 안식일에 이삭을 자르는 것은 추수요, 또한 손바닥 사이에서 문지른 것은 타작이요, 겨를 까부른 것은 키질이다. 이때 예수님은 안식일의 주인이시오, 성전보다 크신 이라고 말씀하셨다. 예수님은 사랑

이라는 관점에서 보면 "안식일에 인애를 원하고 제사를 원치 아니하노라"라고 단언하셨다.

2) 안식일에 치료하신 일이다. 회당에 도착하셨을 때까지 첫 번째 논쟁이 그치지 아니했다. 그런데 거기에 보니 한편 손 마른 사람이 있었다. 바리새인들이 그를 송사할 것을 찾다가 의도적으로 그 사람을 성전에 데리고 온 것이다. 그때 예수님은 "안식일에 양이 구덩이에 빠진다 해도 건져 주어야 한다"라고 하면서 고쳐 주었다. 그러자 바리새인들이 "예수를 어떻게 죽일꼬?" 하고 공모했다.

또 바리새인들이 귀신들려 눈멀고 벙어리 된 자를 데리고 왔다. 예수께서 그를 고쳐 주셨다. 이때 사람들은 "그가 다윗의 자손이 아니냐?"라고 외치는데, 바리새인은 귀신이 들었다고 정죄했다. 이때 예수님은 귀신을 쫓아낸 것은 성령을 힘입어 하는 일이요, 제자들에게도 이 권세를 위임한 상태이다. 그러면서 성령을 훼방한 자는 용서 받지 못한다는 영적인 말씀을 하셨다.

3) 표적을 구하는 자들에 대한 답을 보여 주셨다. 그동안 표적을 보여주었음에도 또다시 표적을 보여 달라는 것이다. 이것은 그동안의 표적을 부인하고 화끈하게 표적을 보여 달라는 말이다. 이것은 믿음이 아닌 시험하는 기적이다. 이때 우리 주님은 요나의 기적을 통해서 사흘 만에 부활하실 것을 암시하셨다.

13장에서는 천국의 비유를 통하여 본격적인 말씀을 하셨다. 1) 씨 뿌리는 비유, 2) 곡식과 가라지 비유, 3) 겨자씨 비유, 4) 누룩 비유, 5) 감 추인 보화 비유, 6) 진주 비유, 7) 그물 비유를 말씀하셨다. 비유로 말씀하신 이유는 제자들에게는 계시하지만 배척하는 자들에게는 숨기기 위해서다. 그리고 나사렛에서 배척당한 것을 말씀하고 있다.

오늘 묵상의 말씀

하늘나라의 권세를 사용하실 때 배척을 당한다. 어떻게 예수님은 대처하셨는가?

배척과 그리스도의 자기 계시

14장에서 예수님은 나사렛에서 배척당한 것(13장)에 이어 헤롯에게서도 배척을 당한다.

헤롯 안티파스는 그의 아버지 헤롯 대왕이 베들레헴의 사내아이들을 학살(2:16)한 것에 반하여, 그는 세례요한을 죽였다. 헤롯왕이 선지자를 죽임으로 결국 그 뒤에 오는 왕을 배척한 것이다. 이로 인하여 예수님은 제자들과 함께 은둔하였다(14:13-36). 그러나 사람들은 예수와 그 제자들이 어디로 갔는지 예상하고 있었다. 그래서 무리는 갈릴리 북변 연안을 따라서 걸어가 예수님과 함께 합류했다. 주님께서 그들을 불쌍히 여기셔서 병을 고쳐 주셨다. 저녁이 되어 그 외진 곳이라 먹을 식량이 없어서 보리떡 5개로 5,000명을 먹이셨다(여자와 아이들을 제외하고). 이로 인하여 백성은 예수님을 임금 삼으려고 했다. 백성의 지도자들은 예수님을 배척하기로 결정했다(마12:24). 그 후에 예수님은 산에 기도하러 올라가셨고, 제자들을 배에 태워 보내셨다. 이는 무리를 격리하고, 그들에게 그 의미를 깊이 생각해 볼 기회를 제공하기 위한 것이었다. 그 후에 예수님께서 물 위로 올라오실 때 베드로가 "나를 명하사 물 위로 오라 하소서" 간구했다. 예수님은 그에게 물 위로 걷게 했다. 그때 바람과 파도 소리를 듣고 무서워했는데, 예수님께서 그의 손을 붙들어 주셨다. 이때 제자들은 예수님을 치료자로 인정하는 것에 점점 진정한 예수님의 신분에 대해 깊이 깨닫게 되었다.

15장은 종교 지도자의 논쟁 속에서의 배척을 기록하고 있다. 장로들이 떡 먹을 때 손을 씻는 의식에 대하여 '범죄 했다'라고 시비를 걸었다. 예수님은 "고르반" 하면 부모님께 드려야 하는 것을 안 드려도 되는 부모 공경의 법칙을 교묘하게 빠져나가는 유전을 예로 들었다. 그러면서 입술로는 하나님을 존경하는 것 같으나 마음은 하나님에게서 멀다는 것을 경고하였다. 영적인 깨끗함을 강조하고 있다.

소경이 소경된 백성을 인도하는 것은 결국 모두 구덩이에 빠진다는 것을 경고하고 있다. 그런가 하면 입으로 들어가는 것은 다 깨끗하며 몸에서 나오는 것은 다 더럽다고 말하면서 영적 불결성을 강조하고 있다. 그러고 나서 종교지도자들과의 질문 공세를 피하기 위해 예수는 베니게 지역인 두로와 시돈 지방으로 가셨다. 가나안 여인 하나가 그 지역의 한 여인이 귀신들린 딸을 데리고 예수께 와서 "다윗의 자손이여 나를 불쌍히 여기소서"라고 외친다. 이때 예수님이 거절하자, "개들도 제 주인의 상에서 떨어지는 부스러기를 먹나이다(15:27)"라고 말했다. 예수님은 "네 믿음이 크도다. 네 소원대로 되리라(28)"라고 말씀하시며 고쳐 주었다. 이는 예수님께서 이스라엘 백성 중에서 찾고 있던 그 큰 믿음이 그녀에게 있는 것을 보았고, 그녀의 청을 수락하시니 그녀의 딸이 그 즉시 나았다.

16장에서는 예수님이 이스라엘로 돌아오자, 종교지도자들인 바리새인과 사두개인들이 하늘로 오는 표적을 시험한다. 그들은 예수님의 병 고침의 기적보다도 눈요깃거리가 될 만한 표적을 보여 달라고 요청했다. 그러자 예수님은 악하고 음란한 세대라고 말하면서 요나의 표적밖에는 보여 줄 것이 없다고 말했다(16:1-4). 또한, 배척을 염두에 두고 중요한 자기 계시를 한다. "사람들이 인자를 누구라 하더냐?" 여러 이야기를 한 후에 베드로가 "주는 그리스도시오, 살아계신 하나님의 아들이시니이다"라고 고백하자, 예수님은 그 고백을 칭찬하셨다. 그리고 "내가 내 교회를 세우리니"라고 말씀하시면서 자기 자신 위에 교회를 세우겠다고 말씀하셨다(고전3:11, 10:4). 그 유명한 고백이 오늘날 교회 설립의 기반이 되었다.

오늘 묵상의 말씀

메시아가 오실 때 어떤 고정관념들이 그를 배척했을까?

천국의 기본 원리

17장은 예수께서 교회를 세우신다고 자기를 계시하신 후 6일 후에 변화 산에 올라가신 중대한 사건이 기록되어 있다. 거기서 모세와 엘리야와 함께 대화를 나누신다. 모세는 하나님의 산에서 이스라엘 백성의 정체성에 대한 언약(출19:5-6)을 체결한 자이며, 엘리야는 그 하나님의 산에서 정체성을 지속하기 위하여 제자 양육(왕상 19:15-16)을 붙잡아 이스라엘의 정통성이 끊어지지 않도록 역사의 이정표를 만든 사람이다. 이런 중요한 마당이니 그들을 만나서 자기 계시한 "내가 내 교회를 세우리니(마16:18)"에 대한 자문을 받을 필요가 있었다. 왜냐하면 현지의 지도자들이 배척하는 상황이며, 백성들은 메시아 왕의 입성을 기다리는 상황이고, 제자들은 아직 예수님의 뜻을 이해하지 못하는 입장이니 한 번 더 확신하고 싶었다. 그래서 변화 산에 가서 모세와 엘리야를 불러내어 대화하는데, 제자들은 예수님의 정체성을 확실히 모르고 엉뚱한 이야기를 하니 하나님께서 "이는 내 사랑하는 아들이요, 내 기뻐하는 자니 너희는 저의 말을 들으라(마17:5)."라고 말씀하면서 확실하게 예수님 편에서 지원하셨다(시118:6). 그리고 산에서 내려와 보니 제자들이 간질 걸린 자를 고치지 못하고 쩔쩔 매고 있는 것을 보았다. 그래서 "내가 얼마나 너희와 함께 있으며, 얼마나 너희를 참으리요. 그를 이리로 데려오라(17:17)."라고 말씀하시면서 병자를 고쳐 주었다. 그러면서 제자들에게 믿음의 중요성으로 겨자씨 하나를 비유로 설명하셨다. 그리고 갈릴리에 모였을 때, 제자들에게 십자가의 사건을 다시 상기시켜 주었다. 지난번 교회를 세우리라 말씀하시고 나서 또 한 번 자기 계시를 통하여 마음에 준비하도록 알린 것이다.

이제 천국생활에 대한 기본적인 원칙을 알려 주셨다. 1) 어린아이들처럼 가장 작은 아이들처럼 자기를 낮추는 자가(17:1-5) 천국에서 제일 큰 자이다. 2) 남을 실족케 하지 않는 자가 복이 있다. 소자 하나라도 업신여기지 않은 자가 하늘에 계신 내 아버지의 얼굴을 항상 뵙는다(17:5-10). 양 100마리 가진 사람이 한 마리를 잃어버렸을 때 그 한 마리를 꼭 찾는 것이 하나님의 뜻이다. 3) 용서를 위해서는 일곱 번씩 일흔 번이라도 용서하고, 범죄한 자를 위해서는 두세 증인이 없으면 고발하지 말하도록 하며 용서가 천국의 기본이라고 알려 주셨다.

19장에서는 천국의 원리를 강조한다. 1) 결혼의 영구성을 강조한다. 절대 이혼하지 않겠다는 결심과 헌신이 결혼생활 축복의 근원이라는 것이다. 2) 어린이를 좋아하는 것이 천국생활이다. 3) 영생을 사모하는 것이 천국이다. 그것은 부자가 되는 것보다 천국에 들어갈 수 있는 것이 크다. 그러한 천국을 위해 살면 반드시 보상하여 금세에서는 여러 배를 받고(마가복음 10:30에는 100배), 영생을 상속받는다.

20장에서 말하는 천국은 일하는 곳이다. 음부에는 일도 없고, 계획도 없고, 지식도 없고, 지혜도 없다(전9:10). 그러나 천국은 일하러 가는 곳이기에 3, 6, 9, 11시에라도 일터에 간다.

물론 일하는 즐거움을 누리는데, 나중 된 자가 먼저 될 수도 있다. 그러나 그렇게 인정하시는 분은 오직 주인이다. 그 천국에서 인정받고 좌우의 자리를 차지하는 것 역시 십자가를 지고 최선을 다해야 하지만, 일의 소관은 하나님이시다. 그래서 섬기는 자라야 천국에서 인정받는다. 그 뒤 예수님은 두 소경을 고쳐 주었다. 왜냐하면, 그들은 다윗의 자손을 인정하며 메시아 왕국을 사모했기 때문이다(17:29-34).

오늘 묵상의 말씀

천국의 기본원리에 대하여 은혜받은 대로 말해보자.

예루살렘 입성

21장에서 왕이 예루살렘에 공식으로 입성하신다. 이제부터 1주일 동안 수난주간이 시작된다. 종려나무 가지를 들고 백성들이 환영하였기에 종려 주일이라고도 한다.

왕으로 입성하는 사실에 대하여는 1) 나귀 새끼를 타고 입성하신다(창49:11, 슥9:9). 2) 예수님은 나귀새끼를 사용할 권리가 있다(2-3). 3) 사람들은 겉옷을 길 위에 깔고 왕으로 예우했다. 4) 예수님은 시편 118장 26절처럼 주 하나님 이름으로 오시는 이시다. 5) 다윗의 자손이다. 로마 정복자들은 군마를 타고 입성하나, 예수님의 방법은 작은 자를 귀하게 여기시기에 겸손한 나귀새끼를 타셨다(21:1-11). 둘째 날은 성전을 청소하셨다. 성전의 존재 이유는 하나님을 인격적으로 만나는 장소이다. 그래서 성전 안에서 매매하는 자들을 쫓아내셨고, 비둘기 파는 자들의 의자를 둘러 엎으셨고, 돈 바꾸는 자들의 상을 엎으셨다. 그리고 성전에서 소경과 저는 자를 고쳐주셨다. 왕의 사역을 감당하신 것이다. 셋째 날에는 이른 아침에 성으로 들어가실 때 무화과나무를 보고 저주하셨다. 이는 열매가 없기 때문이다. 이 사건은 상징적 행위로서 이스라엘이 멸망(AD 70년)에 대한 상징이다. 무엇이든지 기도하면 받는데, 교회는 기도하는 곳인데, 이렇게 기도의 열매가 없는 것은 존재 이유가 없음을 보여준 사건이다.

그러면서 성전에 들어가 강의하셨다. 1) 두 아들의 비유 중 포도원에 가서 일하라고 했을 때 "예, 가겠소이다!"라고 말하고 안가는 사람과, "싫소이다"라고 말했다가 뉘우치고 밭에 가서 일하는 사람 중 누가 진정한 하나님 나라의 일꾼인가? 2) 불의한 농부 비유 중에서 포도원 주인이 세를 받기 위해 임대인 농부에게 임대료를 받기 위하여 보내었더니, 첫째는 심히 때리고, 둘째는 돌로 치고, 그래서 혹시 아들을 보내면 공경할 것이라고 해서 보내었는데, 오히려 상속자를 죽이고 "그의 유업을 차지하자"라고 말하며 죽였다. 이 비유를 말하니 대제사장들과 바리새인들이 자기를 가리켜 말한 것인 줄로 알고 예수를 잡고자 했다.

22장은 21장에 이어 하늘나라에 대한 삶의 원칙을 계속 말씀하고 있다.

1) 천국에 잔치를 마련하고 종을 보내어 잔치 자리에 오라 하였더니 청함을 받은 사람은 오지 아니했다. 그래서 길가에 가서 아무나 데려오게 했다. 그런데 어떤 사람이 예복을 입지 않고 있어서 쫓아내었다. 그리고 하는 말씀이 청함을 받은 자는 많되 택함을 입은 자는 적으니라.

2) 납세 문제를 바리새인들이 예수에게 올무에 걸리게 하려고 "세금을 내어야 가하니이까? 불가하니이까?"라고 물었다. 그러자 예수님은 "가이사의 것은 가이사에게, 하나님의 것은 하나님께 바치라"라고 하면서 선을 그어주셨다. 3) 부활의 문제를 가지고 "사두개인인 형제 일곱이 형제들이 자녀가 없을 때 그 부인은 일곱 중에 뉘 아내가 되리이까?"라고 물었다. 예수님은 "하나님은 살아계신 자의 하나님이시다"라고 성경의 본질적 대답을 확실하게 해주셨다. 4) 천국에서 제일 큰 계명을 요약하라면 그들이 알고 있는 613가지 조항이 다 중요하다. 그중에서 요약을 하라면 첫째는 하나님 사랑(신6:5), 둘째는 이웃사랑(레19:8)으로 명쾌하게 말씀해 주셨다. 그러자 바리새인들이 모여들었고, 메시아의 조건을 물었다. 중요한 것은 다윗도 그리스도를 '주'라고 한 것이다.

23장은 이제까지의 내용을 보면서 기득권을 가진 유대 지도자들의 책임을 강조한다. 그들은 너무 위선적인 행동에 대하여 7가지 화가 있을 것이라고 경고하고 있다. 그리고 우리 주님은 예루살렘을 향하여 탄식하고 있다. "암탉이 그 새끼를 날개 아래 모음 같이 내 자녀를 모으려 한 일이 몇 번이냐 그러나 너희 집이 황폐하여 버린바 되리라."

오늘 묵상의 말씀

예수님이 입성하셔서 꼭 챙기신 것을 무엇인가?

말세를 위한 준비

24장은 예루살렘 멸망 사건을 기록하고 있다. 예수님은 예루살렘에 입성하시고 바로 성전이 본래 기능을 다하지 못하고 돈 바꾸며 비둘기파는 것을 보고 강도의 굴혈을 만든다고 안타까워하면서 엎어버린 적이 있다. 그런데 그 성전이 '돌 위에 돌이 하나도 남지 않을 정도'로 멸망한다는 것이다. 이것은 엄청난 이야기이다. 사무엘하 7장 12-16절의 말씀을 따라 열왕기상 8장 15절 말씀을 성취하기 위하여 거기에 성전을 지으시고, 거기에 여호와의 이름을 두시고, 여호와의 눈과 귀가 있어서 거기서 주님께 기도하며 다 응답하시는 역사와 더불어 하나님 나라가 영원히 대대로 끊어지지 않고 축복을 누린다는 말씀 그대로다. 이 성전을 지키지 못해 우상의 소굴(겔8장)이 되어서 하나님의 영광이 떠난 적이 있었다. 그 결과 바벨론 포로로 끌려가 큰 고생을 하고 예루살렘으로 돌아와 성전을 지었고, 우여곡절 끝에 오늘날까지 왔는데, 이제 또 돌 위에 돌이 하나도 남지 않을 정도로 망한다니 기가 막힐 일이다. 제자들은 그때가 언제냐고 묻는다. 예수님은 차근차근 대답해 주셨다.

1) 종교적 혼란이다. 예수님의 이름으로 여러 가지로 혼란하게 한다. 2) 국가와 국가 간의 전쟁, 종족과 종족 간의 전쟁, 처처에 기근과 지진들이 일어난다. 이것은 재난의 시작이다. 다니엘이 말한 '멸망이 가증한 것이 거룩한 곳에 선 것을 보거든', 이것은 BC 167년 안티오커스 에피파네스가 성전에 번제단을 없애고 제우스 신을 섬기는 제단을 세운 것을 말한다. 그 후로도 AD 67년 11월부터 68년 봄까지 성전 안에서 열심당원들이 성전을 점거하고 지성소를 침입하여 살인을 자행했다. AD 70년에는 티토 장군이 유대 독립전쟁을 진압하기 위하여 예루살렘을 점령하여 돌 위에 돌이 하나도 남지 않도록 파괴했다. 이토록 위험이 매우 시급하니 지체 말고 도피할 것을 경고한다. 그때 두 사람이 똑같이 맷돌질하다가 한 사

람만 데려감을 당한다. 그러므로 깨어 있어 충성스럽게 그 집 사람들은 맡아 양식을 나누어 주라는 것이다. 그래야 주인이 왔을 때 이 모든 소유를 맡길 것이다.

25장은 재림의 때를 비유로 3가지 알려주고 있다. 1) 10처녀 비유이다. 다섯은 미련하고 다섯은 슬기 있는 자다. 슬기 있는 자는 기름을 준비했고, 미련한 자는 기름을 넉넉하게 준비하지 못했다. 그 결과 신랑이 올 때 다섯은 환호성을 지르며 축제에 참여하게 되고 기름을 준비 못한 사람은 그때야 기름을 준비하기 위하여 허둥지둥하다가 문이 닫혔다. 슬피 울며 이를 갈았다. 2) 어떤 사람이 타국에 갈 때 한 사람에게는 다섯 달란트, 한 사람에게는 두 달란트, 한 사람에게는 한 달란트를 맡기었다. 그런데 다섯 달란트 받은 사람과 두 달란트 받은 사람은 바로 가서 두 배를 남겨 그 결과를 보고 했더니 착한 종이라고 칭찬을 받았다. 그러나 한 달란트 받은 자는 그 달란트를 땅에 감추어 두었다가 가지고 와서 "당신은 마음이 굳은 사람이라 심지 않은 데서 거두는 사람인 줄 알고 감추어 두었나이다"하고 자기의 게으름을 주인의 책임으로 전가하다가 그 있는 달란트도 빼앗기고 바깥 어두운 곳에 쫓겨나게 되었다. 3) 예수님이 재림주로 오실 때 천사들과 함께 보좌의 영광에 오시어 오른편에는 양, 왼편에는 염소를 세울 것인데, 양편에 있는 자들에게는 예비된 왕국을 상속하라고 하셨다. 그러나 왼편에 있는 자에게는 영영한 불에 들어가라고 말씀하셨다. 그러기에 미래를 준비하라는 것이다.

오늘 묵상의 말씀

말세에는 어떤 징조가 있으며, 어떻게 준비하는 인생을 살아야 할까?

예수님의 십자가와 부활 사건

26장은 예루살렘 입성 다섯째 날의 사건으로 성만찬과 겟세마네 동산에서 기도하신 것을 기록하고 있다. 대제사장과 백성의 장로들이 가야바라 하는 제사장의 배척을 받아 예수를 잡아 죽이려고 의논했다. 한 여자가 귀한 향유 한 옥합을 가지고 나와서 예수의 머리에 부어 예수님의 장사를 준비한 사건은 복음이 전달되는 곳에 기념이 되리라고 하셨다. 가룟 유다는 그 사건을 보고 미움을 표현했고, 그로 인하여 예수를 은 삼십을 받고 예수를 넘겨줄 기회를 찾았다. 이 사실을 알면서도 우리 예수님은 성만찬을 진행하셨다. 떡을 떼어 축사하고 주시면서 "받아먹으라. 이것은 내 몸이니라" 또 잔을 가지시고 축사하시고 "너희가 다 이것을 마시라"라고 하면서 잔을 주셨다. "이것은 죄 사함을 얻게 하려고 많은 사람을 위하여 흘리는바 나의 피, 곧 언약의 피니라"라고 말씀하셨다.

그 후에 예수님은 겟세마네 동산에 올라가서 기도하셨다. 마지막 결심의 기도이다. 세 번 동일한 기도 즉 "이 잔을 내게서 떠나 지나가게 하옵소서. 그러나 나의 뜻대로 마시고 아버지의 뜻대로 하소서"라고 기도했다. 그리고 예수님은 새벽에 그들에게 잡혀 주셨다.

예수님은 여섯 번 심판을 받으셨다.

종교재판		민사재판	
안나스 앞에서	요18:12-14	빌라도 앞에서	요18:28-38
가야바 앞에서	마26:57-68	헤롯 앞에서	눅23:6-12
공회 앞에서	마27:1-2	빌라도 앞에서	요18:39-19:6

27장은 여섯 번째 날의 기록이다. 가룟 유다가 스스로 뉘우쳐 은 삼십을 대제사장에게 도로 갖다 주었다. 그 돈으로 토기장이의 밭을 사게 되었는데, 그게 나그

네의 묘지로 결정됐다.

예수님은 빌라도 총독 앞에 서 있었다. 총독은 우유부단한 사람이라 예수님이 죄가 없음을 확증하고도 백성들과 유다 지도자들이 십자가에 못 박으라고 하니, 손을 씻고 "나는 무죄하다"라고 선포하고는 예수님을 십자가에 못 박도록 넘겨주었다. 이에 예수님은 십자가를 지고 조롱받으며 골고다로 가게 되었는데, 도중에 너무 지쳐서 구레네 시몬이 대신 억지로 지고 가는 일이 발생하기도 했다. 그리고 골고다에 도착하여 십자가에 달리신다.

그때 십자가의 7언을 보면 1) "아버지여, 저희를 사하여 주옵소서(눅23:34)." 2) 내가 진실로 네게 이르노니 오늘 네가 나와 함께 낙원에 있으리라(눅23:43). 3) 여자여 보소서, 아들이니이다(요19:26-27). 4) 엘리엘리 라마 사박다니(마27:46-47). 5) 내가 목마르다(요19:28). 6) 다 이루었다(요19:30). 7) 아버지여, 내 영혼을 아버지 손에 부탁하나이다(눅23-46). 예수님의 시체는 아리마대 요셉의 무덤 속에 놓고 파수꾼들이 지켰다.

28장은 부활의 확실성을 증명하고 있다. 예수님은 죽기를 무서워하므로 한평생 매여 종노릇하는 모든 자를 놓아주기 위하여 대신 죽으셨고, 부활하심으로 승리의 확신을 보여 주신 사건이다. 이제 부활의 첫 열매 되시는 예수님을 믿으면 죽음의 문제가 해결되는 것이다. 이런 비밀을 모르는 마리아들은 예수님의 시신에 향유를 부으러 갔다가 살아 계신 예수님을 만났다. 무섭기도 하고 기쁘기도 하고 양가감정을 가지고 빨리 무덤을 떠나 제자들에게 달려가서 이 소식을 전했다. 그런가 하면 우리 주님은 예수의 십자가와 부활을 믿는 자들에게 죽음을 이기는 왕 같은 권세와 제사장의 권세(출19:5-6)를 가지고 세계 모든 족속에게로 가서 이 사실을 전하며 살 수 있는 특권을 누리게 하는 것으로 마태복음을 정리하고 있다.

오늘 묵상의 말씀

예수님의 부활과 나의 삶의 문제를 해결하는 비밀을 체험한 적이 있는가?

충성된 종으로 오신 예수님

1장은 '하나님의 아들 예수 그리스도의 복음의 시작이라', 처음부터 간결하게 복음을 말하고 있다. 특별한 서론이 필요 없다. 몸으로 섬김으로 맡은바 사역에 충성하고 있다. 그래서 복음서를 보면 마태복음은 왕적 기능, 마가복음은 제사장적 기능, 누가복음은 선지자적 기능을 다 하면서 육신적인 측면을 잘 관리해 주는 내용으로 공관 복음이라고 볼 수 있다. 먼저 이사야의 말씀을 예언처럼 세례요한이 와서 길을 마련하고, 그를 통하여 세례를 받으신 후 광야에 나가서 40일간 마귀에게 시험을 받으셨다. 이런 시험에 통과할 무렵 세례 요한이 잡혔다는 소식을 들었다. "회개하라 하나님의 나라가 가까웠다." 이렇게 간단간단하게 보고하고 있다. 종이 무슨 긴 이야기가 필요한가? 즉시 순종하고 행동으로 충성을 보여주는 것이 진정한 종이다. 말씀을 통하여 이런 측면이 있다는 것을 엿볼 수 있다.

이어서 갈릴리로 가서 4제자 베드로, 안드레, 야고보, 요한 등 평생에 중요한 4인방을 부르셨다. 그리고 회당에서 가르치며 귀신을 쫓아내셨다. 그랬더니 사람들이 놀라며 말했다 "이는 어찜이뇨? 권세 있는 새 교훈이로다. 더러운 귀신들도 순종하는도다." 이 소문이 온 갈릴리에 퍼졌다. 이런 사역 중에서도 제자들을 세심히 살피셨다. 베드로의 장모가 아픈 소식을 듣고 가서 고쳐주어 주의 종들이 가사를 주님께 맡기고 헌신할 수 있도록 배려했다. 그러면서도 우리 주님은 절대 새벽기도를 놓치지 아니하셨다. 새벽기도를 통해 하루 할 일을 점검하고, 하나님이 부르신 사역에 충실한 것이 종의 자세이다. 그래서 항상 주님께 방향 맞추어 사역하신다. 여기에서 중요한 것은 베드로의 이름을 먼저 거론하고 있다는 사실이다. 마가는 그의 스승 베드로가 제일 먼저 부름 받은 충성된 종이었다는 것을 암시한다.

2장은 수일 후에 가버나움의 어느 집에 들어가셨는데 용신할 틈이 없을 정도로 소문을 듣고 몰려들었다. 거기서 한 중풍병자를 매고 온 것을 보고 "소자야, 네

죄 사함을 받았느니라"라고 말했더니 그 병자가 병이 나았고 깨끗해졌다. 그런데 그때부터 서기관 지도자들이 배척했다. '어떻게 죄는 하나님만 사하시는데, 누가 능히 죄 사하겠느냐?' 그들이 마음에 의논했다. 그럼에도 불구하고 종은 주인이 시키는 말에 충성하는 것이기에 반대를 개의치 않고 충성하여 치유 사역에 열정을 다했다.

바닷가를 지나는 중에 레위가 세관에 앉아 있는 것을 보았다. 레위인은 성전을 돌보고 주의 일을 해야 하는 부름 받은 종인데, '어떻게 하여 세관에서 돈을 거두어서 로마에 바치는가?' 이런 갈등 속에서 하나님의 소원에 불붙은 사람, 마태를 보았다. 그래서 그를 부른 것이다. 그리고 밀밭 사이로 지나갈 때 유대의 지도자들은 안식일 지키는 문제를 가지고 예수님을 배척했다.

3장은 안식일 날 회당에서 손 마른 병자를 고쳐 주는 이야기를 시작하고 있다. 안식일의 목적은 하나님께 영광이요, 사람을 구원하기 위한 것이다. 이를 의도적으로 드러내기 위해 안식일 날 손 마른 자를 고쳤다. 그러나 그것이 유대 지도자들을 크게 분노하게 하여 결국 '예수를 어떻게 죽일까?' 의논하게 된다. 이때 예수님은 빨리 제자들과 함께 갈릴리 바다 쪽으로 물러가니 많은 사람이 왔고, 귀신들도 예수 앞에서 벌벌 떨었다. 예수님은 자기를 자신을 나타내지 말라고 경고하고 산에 올라갔다. 이때 많은 사람이 올라왔는데, 자기의 원하는 사람들을 불러서 제자로 삼으셨다. 그 후 집에 들어가니 예수의 권속들도 미쳤다고 말하며 서기관들은 바알세불에 지폈다고 말했다. 나중에 가족이 부른다고 하니 "하나님이 뜻대로 하는 자가 내 형제요 자매요 모친이니라"라고 선을 확실하게 그었다.

오늘 묵상의 말씀

마가는 종으로 충성하시는 예수님을 어느 정도 충성된 자로 묘사하고 있는가?

비유를 통한 교육과 천국 사역

4장은 비유를 통하여 제자들에게 천국의 이야기를 들려준다.

1) 씨 뿌리는 비유이다. '씨를 뿌리면 뿌린 것은 열매를 맺는다.' 이것은 창세기 1장 26-28절에서 인간에게 내려진 축복이다. 음부에는 일이 없다. 계획도 없다. 지식도 없다. 지혜도 없다(전9:10). 그러나 천국은 일하여 열매 맺는 곳이다. 그러기 위해서는 돌 밭, 가시 밭, 길 밭, 옥토 밭 가릴 것 없이 뿌려야 한다. 그러면 결국은 옥토가 되어 30배. 60배. 100배의 결실을 맺을 것이다. 이렇게 비유를 통해 말씀을 전하는 이유는 제자들과 천국의 일꾼들에게는 알아듣게 위함이요, 유대의 지도자들이나 방훼꾼들에게는 알아듣지 못하게 위함이다.

2) 등불 비유이다. 등불은 어두운 곳을 밝히는 것이 존재 이유이다. 그러므로 등불을 말 아래 두지 아니한다. 등경 위에 둔다. 평상 위에 둔다. 드러내 놓고 일을 할 때가 온다. 이때 있는 자는 받을 것이요, 없는 자는 있는 것도 빼앗기리라.

3) 씨를 뿌려 놓은 상태와 같다. 씨만 뿌리기만 하면 밤새 씨가 자라서 스스로 열매 맺되 처음에는 싹, 그다음에는 이삭, 그다음에는 충실한 곡식이 될 것이다. 그리고 추수한다. 광야 생활 중에 아론의 지팡이에는 움이 돋고 순이 나고 꽃이 피어 살구 열매를 맺었다(민17:9). 이는 예수님의 말씀을 믿고 믿음의 씨앗을 뿌리는 자에게 주어진 축복이다.

4) 겨자씨 비유를 말씀하셨다. 그리고 이 내용을 모든 사람에게는 보편적으로 말씀하셨고, 제자들과 혼자 있을 때는 해석해 주셨다. 이렇게 전하는 중에 날이 저물어 바다 저편으로 배를 타고 건너가게 되었다. 그때 광풍이 불어 배가 뒤집힐 위험에 놓였다. 예수님은 낮에 집중하여 복음을 전하셨기에 피곤하여 주무셨다. 제자들은 무서워서 예수님을 깨웠다. 예수님이 깨어나셔서 바람을 꾸짖어 잔잔케 하셨다. 그때 제자들이 놀란다. "저가 뉘기에 바람과 바다라도 순종하는고?"

5장은 예수님께서 바다에서 나오자마자 더러운 귀신 들린 사람이 무덤 사이에서 나왔다. 그 사람은 무덤 사이에 살았는데, 쇠사슬에 매여 놓아도 끊을 수 없는 굉장한 힘을 가지고 있었고, 밤낮 무덤 사이에서 소리 지르고 있었다. 그가 예수님께 나아와 "나를 괴롭게 마옵소서"라고 외쳤다. 이것은 지금까지 그를 만난 모든 사람은 자기를 괴롭히는 사람이라고 생각했기에 예수님에게 그런 말을 했다. 하지만 예수님은 전혀 그런 분이 아니다. 예수님을 사람을 괴롭히지 않고 어떤 희생의 대가를 치르고서라도 사람을 살리는 사람이다. 그 증거로 그를 살리기 위해 돼지 2,000마리를 희생할 정도다. 귀신은 그 사람에게서 나와야 하겠기에 예수님에게 하소연한다. 나중에는 돼지 떼가 산 곁에서 먹는 것을 보고 돼지 떼에게 들어갈 수 있도록 허락해 달라고 한다. 그래서 예수님께서 허락했다. 그 사람에게 붙었던 귀신들이 나와서 돼지 2,000마리에게로 들어갔다. 돼지 떼는 귀신이 들어가자마자 바다로 뛰어들어가 몰살했다. 여기에서 두 가지 교훈을 얻을 수 있다. 1) 예수님은 단순히 한 인간이 아니라 바람, 바다, 그리고 더러운 귀신까지 물리칠 수 있는 능력을 가지고 있다. 2) 예수님은 사람을 사랑하시고 귀하게 여기신다. 비록 돼지 2,000마리가 비싸다 해도 그것을 희생하면서까지 인간을 구원하실 만큼 사랑이 크신 분이다.

또 배를 타고 다른 곳으로 가는 중 회당장 중 야이로라 하는 이가 예수님께 와서 엎드렸다. 내 어린 딸을 살려달라고 간구했다. 그런가 하면 사람들이 에워싸여 밀고 가는데, 12년을 혈루증으로 앓은 사람이 많은 병원에 다녀도 효험이 없고 도리어 더 중하였던 차에 예수의 소문을 듣고 나와 예수님의 옷깃을 만졌다. 그의 병이 나왔다. 그리고 나아가서 회당장의 딸의 병을 고쳐 주었다. 할 일이 많으시지만 어떤 사람이라도 만나면 그분의 모든 기본 문제를 치유하신다.

오늘 묵상의 말씀

예수님을 만나서 해결하고 싶은 나의 최고의 관심사는 무엇인가?

5병2어와 7병2어 사건

6장은 고향 사람들의 배척에서 이야기가 시작한다. 안식일에 고향의 회당에서 가르치셨다. 이때 그의 가르침과 행하는 기적을 통하여 사람들이 놀랐다. "도대체 이가 누군가? 그들의 형제가 우리와 함께 여기 있지 아니한가?"라고 말하면서 인간적으로는 환영했다. 그러나 영적으로는 무지하기에 메시아로 받아들이는 것을 배척한다. 기적을 더는 행할 수 없었다. 그래서 모든 촌으로 두루 다닐 수밖에 없었다. 이때부터 3차 갈릴리 사역이 시작되면서 본격적으로 제자 훈련에 임했다. 두 명씩 불러서 더러운 귀신을 내어 쫓는 권세를 주시고 전도 여행을 했다. 그랬더니 제자들이 나가서 복음을 전파하고, 귀신 내어 쫓는 역사가 일어나고, 많은 병인에게 기름을 발라 낫게 했다. 이렇게 해서 정가에 예수 이름이 드러났고, 이 소식이 헤롯 왕에게 전해졌다. 그러자 헤롯 왕은 죽은 세례요한이 다시 살아난 것이 아닌가 하고 불안했다(6:1-29). 이러한 소식을 사도들이 전도 보고하는 중에 예수님께 낱낱이 아뢰었다.

예수님께서 한적한 곳을 찾아 쉬기 위하여 배를 타고 다른 곳으로 가는데, 큰 무리가 달려왔다. 그들을 보니 목자 없는 양 같음을 인하여 불쌍히 여기게 되어 여러 가지로 가르치게 되었다. 그러다가 저녁에 되었는데, 무리를 보내어야 하는 데 너무 늦었다. 그래서 그들을 오십 명씩, 백 명씩 앉게 하여, 배불리 먹게 했더니 남자만 오천 명 먹고 12바구니가 남았다. 그리고 즉시 제자들을 재촉하사 배 타고 바다 저편으로 가게 했는데, 곧 풍랑을 만났다. 예수님이 물 위로 걸어가셔서 배에 들어가시니 바람이 그쳤다. 배에서 내리니 많은 사람이 예수님께로 왔고, 특히 아무 데나 가는 곳마다 그들을 치료했는데, 주께 손을 대는 자는 다 성함을 얻었다.

7장은 유전에 대한 논쟁을 기록하고 있다. 바리새인과 서기관 중 몇 명이 예수님의 제자들이 손 씻지 않고 떡 먹는 것을 보면서 시비를 걸었다. 이유는 장로들의 유전은 오랫동안 훌륭한 랍비들에 의하여 설정된 규례로 한 세대에서 다음 세대로 넘어왔기 때문에 '전통'이라고 했다. 그런데 예수님이 보기에는 전통을 중요하게 여기다 보니, 율법의 정신과 하나님 사랑의 근본 내용을 잊어버렸다. 그래서 "너희가 하나님의 계명을 버리고 사람의 유전을 지키는도다"라고 말씀하시면서, 한 예화를 들었다. 성경에 부모님 공경하라는 성경 말씀이 있지만 '고르반(하나님께 드림이 되었다)이라 하면 부모님 공경을 안 해도 된다. 이렇게 유전은 근본으로 하나님의 말씀을 폐하는 일들이 많이 있다는 것이다. 그러면서 "사람의 입으로 들어가는 것은 능히 사람을 더럽게 하지 못하지만, 입에서 나오는 그것이 사람을 더럽게 한다(7:1-20)"고 말씀하셨다. 그 사건 이후 잠깐 그곳을 피하여 이방 지역인 두로와 시돈 지역으로 갔다. 거기에서 수로보니게 여인의 딸을 치유했고, 귀먹고 어눌한 자를 치유하셨다. 우리 예수님은 모든 사람의 구세주이시다는 것을 보여 주었다.

8장은 그즈음에 큰 무리가 3일 동안 예수님을 따라 다니는데 그냥 굶겨 집으로 보낼 수가 없었다. 그래서 그들에게 보리떡 7개가 있는 것을 보시고 그들에게 축사하시고 제자들에게 떼어 주었는데, 모두 배불리 먹고 남은 조각이 일곱 광주리가 되었고, 남자만 4,000명이 되었다. 이 사건은 유다 지역에서 보리떡 5개로 5,000명 먹인 사건과 함께 이방 지역의 경제 문제도 해결하시는 하나님의 비밀을 깨닫게 된 것이다. 그리고 벳세다에 오셔서 소경의 눈을 고치셨다. 이런 사건 후에 예수님은 베드로의 고백을 듣고 비로소 "인자가 고난을 받고 십자가 질 것"이라고 말한다.

오늘 묵상의 말씀

이방인에 행한 기적과 유대인에게 행한 기적에 대하여 유사점을 말해보자.

십자가와 부활 예고

9장은 예수님은 공생에 중대한 사역인 십자가 사건을 계획하시면서 베드로의 신앙고백으로 제자들의 신앙훈련 상태를 진단하셨다. 그리고 십자가 사건을 첫 번째로 예고하신 후 6일 후에 3제자와 함께 변화 산에 올라갔던 일이다. 모세를 통한 언약인(출19:5-6), 엘리야를 통한 하나님 나라의 지속적인 방법(왕상19:15-16)을 확실하게 세우신 그들과 영적 친교를 나누기 위하여 변화 산에 이른 것이다. 거기서 예수님이 저희 앞에서 변형되사 그 옷이 광채가 나며 빨래로는 더 희게 할 수 없을 만큼 희게 되었다. 우리 주님은 십자기의 중대한 사건을 예고한 후 율법의 대표인 모세와 선지자의 대표인 엘리야를 만나 지지를 받고 싶으셨을 것이다. 이때 구름 속에서 "이는 내 사랑하는 아들이니 너희는 저의 말을 들으라"라는 소리가 났다. 이는 하나님이 지지와 보증을 보여 주신 것이다. 산에서 내려오면서 제자들에게 이 사역이 끝날 때까지(인자가 죽은 자 가운데서 살아날 때) 본 것을 아무에게도 이르지 말라고 당부하셨다(9:1-13).

산을 내려오니 벙어리 귀신들인 아들이 거품을 흘리면 이를 갈며 파리하여서 제자들에게 귀신을 내어 좇아 달라 하였으나 고치지 못했다. 그래서 예수님께 데려와서 할 수 있으면 고쳐 달라고 했다. "할 수 있거든이 무슨 말이냐 믿는 자에게 능치 못할 일이 없느니라(9:23)." 예수님께서 그에게 "벙어리 되고 귀먹은 귀신아, 그 아이에게서 나오고 다시 들어가지 말라"라고 말씀했더니 귀신이 소리를 지르며 경련을 일으키고 나갔다. 그리고 갈릴리로 지나가시면서 두 번째로 "인자가 사람들의 손에 넘기어 죽임을 당하고 죽은 지 삼일 만에 살아나리라"라고 제자들에게 죽음을 예고하면서 마음의 준비를 하도록 암시를 주었다. 그런 줄도 모르고 제자들은 예수님이 왕이 되면 누가 높은 자리에 앉게 될는지 의논했다. 그러자 예수님은 "아무든지 첫째가 되고자 하면 뭇사람의 끝이 되며, 뭇사람을 섬기는 자라야 하리라. 그리고 너희 속에 소금을 두고 서로 화목하라"라고 권고하셨다. 예수님은 그날을 바라보면서 어떤 때는 3제자, 어느 때는 12제자, 때로는 70명을 데리고 다니면서 적절한 내용으로 훈련하고 가르친다. 중요한 것을 화목 하는 자가 진정한 리더십을 발휘할 수 있기에 '화목'을 특히 강조하고 있다.

10장에서 진정한 행복을 가정을 중심으로 바라볼 수 있다.

1) 이혼을 하지 말아야 한다. '하나님이 짝지어 주신 것을 사람이 나누지 못할지니라'라는 중요한 법칙이다. 예수님은 확고히 하셨다. 2) 어린이를 축복하신다. 가장 작은 자를 아끼고 소중하게 여기고 배려해야 한다. 어린아이처럼 보호가 필요하고 작은 자를 받들고 사랑하는 자가 천국에 들어갈 것이다. 3) 청년 정신이다. 청년은 정체성을 확립하는 시기이다. 무엇이 가장 가치가 있고, 고귀한가? 나의 삶에 가장 중요한 것이 무엇일까? 영원한 가치인 영생을 얻으려면 어떻게 할 것인가? 여기에 해답을 찾고 하는 것이 청년 정신이다. 이런 청년이 있는 국가나 가정은 행복한 공동체가 된다. 어떤 청년이 와서 영생을 물었다. 예수님께서는 10계명을 말해 주었다. 그러자 그 청년은 "이미 내가 어렸을 때부터 다 지켰다"라고 말한다. 그러자 예수께서 말씀하셨다. "오히려 한 가지 부족한 것이 있으니, 네 있는 것을 다 팔아 가난한 자들을 주라. 그리하면 하늘에서 보화가 네게 있으리라. 그리고 와서 나를 좇으라." 영생은 기득권을 확장하는 것이 아니라, 기득권을 포기하고 남에게 나누어 주면서 예수님의 가치를 따르는 것이다.

이런 이야기를 하고 나서 예수님을 예루살렘으로 올라가면서 "대제사장들과 서기관에게 넘기고, 죽이기로 결안하고 이방인에게 넘겨주어 죽일 것이니 저는 삼 일 만에 살아나리라"라고 말씀하셨다.

오늘 묵상의 말씀

예수님께서 십자가와 부활에 대해서 3번 예고했다. 이는 충실한 종으로 어떤 각오인가?

예루살렘 입성과 강론

11장에서 예수님이 예고하신 대로 예루살렘에 입성하셔서 십자가의 절차를 밟는다. 11장에서 15장까지는 십자가 지기까지의 일주일 동안의 행적을 기록한 것인데, 11장부터 차근차근 기록하고 있다.

먼저 첫째 날 예루살렘에 입성하신다. 제자에게 "맞은편 마을로 가서 아무도 타보지 않는 나귀 새끼를 풀어 끌어오라" 하신다. 타민족을 정복한 왕은 그 성에 들어갈 때 백마를 타고 깃발을 나부끼면서 승리의 위엄을 과시한다. 그러나 예수님은 작은 나귀 새끼를 타고 들어가시는 것이다. 제자들이 나귀 새끼를 풀어 오라고 할 때 "왜 그리하느냐"고 물으면 "주가 쓰시겠다" 하라고 말했다. 이는 하나님의 종으로 충실하게 순종하는 마음으로 그렇게 말한 것이다. 그래서 말씀하신 대로 나귀 새끼를 풀어 왔고, 이에 따라서 겉옷을 깔고 종려나무 가지를 들고 "호산나, 찬송하리로다! 주의 이름으로 오시는 이여" 하면서 우리 주님의 입성을 찬양했다. 진정한 왕은 종의 모습을 갖춘 겸손한 사람이어야 한다는 것을 보여 주셨다. 이는 스가랴 9장 9절의 말씀을 그대로 성취한 사건이다.

둘째 날은 예수님께서 시장하신데, 무화과나무를 보니 잎사귀 외에는 열매가 없었다. 그래서 "이제부터 영원토록 사람이 네게서 열매를 따 먹지 못하리라"라고 하셨다. 이것은 이스라엘의 모습을 비유하신 것이다. 열매 없는 종은 주인에게 아무 유익을 주지 못한다는 것을 암시하다. 그리고 성전에 들어가서 매매하는 자들을 내어 쫓으시고, 돈 바꾸는 자들의 의자를 둘러엎으시면서 "내 집은 만민이 기도하는 집인데, 강도의 굴혈을 만들었도다"라고 말씀하셨다. 진정한 종은 주인이 기뻐하시는 것이 무엇인지를 안다. 아무리 내가 잘해도 주인의 마음에 맞게 하지 않으면 그것은 욕 들을 일이다. 우리 주인 되신 하나님은 성전이 기도하는 집이 되기를 원하는 것인데, 대제사장과 서기관은 그 기본적인 뜻은 잘 모르고 있으니, 경각심을 불어 넣은 것이다. 그러나 대제사장과 서기관인 종교 지도자들은 예수님의 뜻을 모르고 어떻게 예수님을 멸할까 궁리했다.

셋째 날은 예수님이 성전에 다시 들어가서 강론을 하셨다.

12장은 그 강론의 내용을 말하고 있다. 먼저 악한 포도원 농부 이야기를 하고 있다. 포도원을 잘 지어 주고 관리하게 하고 때가 되어 소출을 받으러 종을 여러 차례 보냈는데 더러는 다치고 맞고 죽었다. 이제 남은 한 사람 사랑하는 아들을 보내었더니 그 역시 죽었다. 농부들은 아들이 죽으면 '그 유업이 우리 것이 되리라'라고 생각한 것이다. 주인이 와서 그 농부를 진멸하고 포도원을 다른 사람에게 줄 것이라고 말씀하면서 "건축자의 버린 돌이 모퉁이의 머릿돌이 되었다는 말을 읽어 보지 못했느냐?"라고 비유를 알려 주셨다. 이에 종교 지도자들이 자기들에게 한 말인 줄 알고 예수를 잡으려고 했으나 백성들이 두려워서 버려두고 갔다. 그 후에 헤롯의 정치 지도자들이 다시 예수를 책잡기 위해 종들을 보내어 "가이사에게 세금을 바치는 것이 가하니이까? 그렇지 않은 것이 가하니이까?" 질문했다. 그러자, 예수님은 "가이사의 것은 가이사에게, 하나님의 것은 하나님께 바치라"라고 말씀하면서 우리 하나님의 주권을 인정하셨다.

이어서 부활이 없다고 하는 사두개인들이 "남편이 아들을 두지 못하고 죽은 경우, 그 남편의 형제가 미망인과 결혼하게 되는데 7명의 형제에게 아무도 아들을 두지 못했다. 그러면 천국에서 그 사람은 누구의 부인이 되는가?"라고 예수님께 물었다. 이때 예수님은 죽은 자의 하나님이 아니라 산자의 하나님이라고 말씀하시며 그들의 성경에 대한 오해를 바르게 가르쳐 주었다. 그리고 종교지도자들이 대접받기를 좋아하는 것을 지적하고 과부의 두 렙돈이 모든 사람의 연보보다 더 큰 돈이라고 하면서 작은 자의 충성에 대한 깊은 관심을 보여 주었다.

오늘 묵상의 말씀

**예수님은 왕이지만 종의 모습에 충실하기 위해 예루살렘에 입성하신다.
왜 왕인데 종의 모습으로 오셨을까?**

주님의 십자가 지실 준비

13장은 성전의 운명과 말세의 징조에 대하여 기록하고 있다. 예수님은 이제 마지막 강화로서 성전의 멸망을 말씀하신다. "이 큰 건물들을 보느냐? 돌 하나도 돌 위에 남지 않고 다 무너뜨리리라(13:2)." 우리 주님은 충격적인 예언을 하신다. 이는 이스라엘 백성이 정통성이 무너지는 이야기이다. 하나님은 다윗의 언약(삼하 7:12-16)의 성취로 성전(왕상 8:15)에 임재하심으로 하나님 나라의 역사를 이루어 가셨다. 그런데 이제 그 하나님의 임재의 사건인 성전이 무너진다니, 이스라엘 백성의 정체성(출19:5-6)이 무너지는 것 아닌가?

예레미야 5장 1절과 에스겔 22장 30절 등에 누차 예언했지만 지도자들은 들은 척도 안 했다. 그런가 하면 백성들은 언약에 무지했다. 이로 인하여 재앙(렘29:18, 겔5:12)이 임하여 성전에 돌 위에 돌이 하나도 없을 정도로 망하는 것이다. 실제로 AD 70년 티토장군에 의해 예루살렘이 망했다. 제자들은 "그때 무슨 징조가 있사오리이까?" 물었고 예수님은 자세히 설명해 주었다. 1) 종교가 혼돈 상태에 있게 된다. 2) 분쟁과 대립이 일어난다. 3) 핍박이 다가온다. 4) 기근이 일어난다. 5) 너희를 공회에 넘기고 회당에서 매질하고 임금 앞에 서리라. 6) 천국 복음이 전파되어야 끝이 온다.

그러면 제자들은 무엇을 준비할까? 1) 사람들이 너희를 끌어다가 넘겨 줄 때 무슨 말을 할까? 미리 염려하지 말라. 그 시에 너희에게 주시는 그 말을 하라, 말하는 이는 너희가 아니요, 성령이시니라. 2) 형제가 형제를, 아비가 자식을 죽는데 내어주며, 자식들이 부모를 대적하여 죽게 하리라. 3) 내 이름을 위하여 미움을 받으나 나중까지 견디는 자는 구원을 얻으리라. 4) 멸망의 가증한 것을 보거든 산으로 도망가라. AD 70년 티토 장군에 의해 성전이 파괴되는 날을 말한다. 5) 집에 있는 자는 내려가지 말라. 6) 아이 밴 자는 겨울이 오지 않도록 기도하라. 7) 너희를 미혹하는 자를 삼가라. 8) 택하신 자들은 구원할 것이다.

그리고 재림할 때의 징조를 눈치채라. 1) 천체에 변동이 일어난다. 해와 달과 별이 빛을 잃을 것이다. 2) 그리스도께서 눈으로 볼 수 있게 재림할 것이다. 3) 택하신 자들을 사방에서 모을 것이다. 4) 준비된 자들에게는 축복의 날이지만, 거부한 자들에게는 슬피 울며 이를 갈게 될 심판의 날이 된다.

14장은 다섯째 날에 성만찬으로 준비한다. 이는 십자가를 지시기 바로 전날이다. 이를 위하여 평생을 준비했다. 이제 이 몸을 바쳐서 당신의 뜻을 이루어야 한다. 어린 양이 되어 백성의 모든 죄를 지고 십자가에서 다 해결하고 죽어야 한다. 그리고 나무에 달려서 백성 대신 저주받고 죽어야 한다. 평생을 죽음에서 종노릇하는 백성을 죄어서 풀어 주는 길은 십자가에서 죽는 길이다. 그리고 무덤에서 정리하는 길이다. 이 중대한 사역을 내일 진행하기 위해 오늘 마지막 성만찬을 제자들과 함께 나누는 것이다. 어떻게 알았는지, 시몬의 집에서 식사할 때 한 여자가 매우 값진 나드 한 옥합을 가지고 예수님의 머리와 몸에 부으셨다. 이것으로 우리 주님은 장사를 미리 준비하는 것이다. 가룟 유다는 예수님을 미리 어떻게 넘겨 줄 것인가 찾고 있었다. 주님은 마가의 다락방에 들어가서 성찬을 하면서 떡과 포도주를 나눠주면서 예수님의 살과 피를 나누어 주셨다. 이는 언약의 피로 모든 사람을 살리는 양식이요, 속죄의 잔이었다. 그 결심으로 감람산으로 찬송하며 가시어 겟세마네 동산에서 위탁의 기도를 하셨다. 그리고 기도가 끝나자마자 가룟 유다가 예수님을 유다의 지도자들에게 넘겨주었고, 산헤드린에서 제사장의 심문을 받게 되었다.

오늘 묵상의 말씀

예수님은 십자가 사건을 위해 무엇을 준비하셨을까?

십자가 사건과 부활증거

15장은 예수님이 십자가 지신 사건을 기록하고 있다.

여섯째 날 새벽에 대제사장들이 예수님을 결박하고 빌라도에게 넘겨주었다. 그들은 신성 모독죄로 사형을 인정했다. 그럼에도 불구하고 그들은 죄의 책임을 회피하기 위하여 그 당시 법으로는 사형을 시킬 권한이 없고, 당시 총독인 빌라도에게 권한이 있다는 핑계로 빌라도에게 넘겨 준 것이다. 빌라도는 "네가 왕이냐" 물었다. 예수님은 "네 말이 옳도다"라고 대답했다. 빌라도가 보기에는 종교적인 문제라 로마법으로는 사형에 해당할 근거가 없었다. 그래서 놓아줄 핑계를 찾았다. 명절이 되면 죄수 하나를 놓아주는 전례가 있는데, 악랄한 살인자 바라바와 예수를 놓고 누구를 놓아줄 것인가 선택하라고 대제사장에게 말했다. 그랬더니 바라바를 놓아주고 예수를 십자가에 못 박으라고 요청한다. 빌라도가 놀란다. "이는 어찜이뇨, 무슨 악한 일을 하였느냐?" 그러자 백성들이 "십자가에 못 박으소서! 십자가에 못 박으소서!" 외쳤다. 백성의 눈치에 민감한 빌라도는 백성의 만족을 위하여 십자가에 못 박도록 예수님을 내어 주었다. 예수님은 채찍에 맞고 희롱을 당한 후에 십자가에 못 박히려 끌려나갔다. 너무너무 힘이 들었다. 진액이 다 빠졌다. 마침 구레네 시몬이 시골에서 아들 집에 가기 위해 지나가다가 예수님의 십자가를 대신 지었다. 예수님은 골고다 언덕에 올라갔다. 목이 타오르기 시작했다. 그때 군인들이 고통을 줄이기 위한 마취제인 몰약 탄 포도주를 주었으나 마시지 아니했다. 제삼시(우리 시간으로 오전9시)에 십자가에 못 박혔다. 그리고 강도 둘을 좌우편에 못 박았다. 그 죽음의 순간에서 한 강도의 영혼을 살리는 구원 사역을 펼치셨다. 제육시(우리 시간으로 오후정오)에 온 땅이 어두워졌다. 가장 밝아야 할 시간에 빛 되신 예수님의 죽어가니 해도 빛을 잃은 것이다. 제구시(우리시간 오후3시)에 예수님은 운명하셨다. 이때 성전의 휘장이 위로부터 아래로

둘로 찢어졌다. 이로써 하나님과 인간의 막혔던 벽이 무너지고, 하나님과의 관계가 회복의 길을 열어 놓으셨다. 예수님이 희생양이 되어 제물이 되었으므로 이제 더는 제물이 필요 없다. 누구든지 언제든지 하나님 만날 수 있도록 우리 주님이 새로운 살길을 열어 놓으셨다(히10:20). 이를 보던 백부장이 "이 사람은 진실로 하나님의 아들이었도다"라고 말했다. 이때 멀리 서 바라보는 여자들이 울면서 지켜보았다. 그리고 이날은 안식일 전날이라 아리마대 요셉이 빌라도에게 시체를 달라 하여 그의 바위 무덤에 묻었고, 돌을 굴려 문을 봉해 놓았다.

16장은 예수님이 부활하심으로 믿는 자의 첫 열매가 되신 것을 증명하고 있다. 안식일이 지나고 막달라 마리아와 다른 마리아가 향품을 바르기 위해 무덤에 갔다가 예수님의 무덤이 빈 무덤이었다는 것을 알았다. 그때 "너희가 십자가에 못 박히신 나사렛 예수를 찾는구나! 그는 살아나셨고, 여기 계시지 아니 하니라. 보라, 그를 두었던 곳이라"라고 말씀하셨다. 살아있는 자를 죽은 자 가운데서 찾느냐고 충격적인 말을 기록한 누가와 달리 종으로 오신 예수님을 전하는 마가는 작은 자를 놀라지 않게 하며 복음을 깨우쳐 주는 것이야말로 종의 충성심임을 보여준다. 그러면서 말씀을 생각나게 하셨다.

"가서 만민에게 복음을 전파하라. 믿는 자에게는 이런 표적이 따르리니 저희가 내 이름으로 뱀을 집으며 무슨 독을 마실지라도 해를 받지 않으며 병든 자에게 손을 얹은즉 나으리라." 제자들이 이 말씀 붙잡고 가서 증거할 때 그 따르는 표적으로 확실히 말씀을 증거했다. 이로써 마가복음은 종으로 오신 예수님이 인간의 약한 모든 것들을 십자가에서 해결하시고 부활하심으로 참된 자유를 주신 것을 몸소 증명하셨다. 그러므로 이제부터는 그 예수를 믿고 증거하는 사람들에게 부활의 증거를 체험하도록 제도적 장치를 마련한 것이다.

오늘 묵상의 말씀

십자가와 부활에 대한 나의 반응은 어떠한가?

예수님의 탄생과 어린 시절

1장은 '우리 중에 이루어진 것에 대해 목격자들이 많은데, 이런 일에 자세히 알려주고 싶다'라는 저자의 솔직한 심정이 드러난다. 이는 보편적이고 우주적인 생각이다. 그러면 인류 역사에 일어난 일 중에 인간의 행복을 위하여 가장 중요한 사건이 무엇인가? 그것은 예수 그리스도의 탄생이다. 이는 우연이 아니다. 유대인에게는 레위 자손 중에 레위인, 그중에서도 제사장을 통하여 하나님의 모든 인간의 생사화복에 대한 생각을 사람들에게 알렸다. 그 후손 중에서 스가랴 제사장 때 한 아기가 태어나서 "엘리야의 심령과 능력으로 아비의 마음을 자식에게, 거스르는 자를 의인의 슬기에 돌아오게 하여 주를 위하여 세운 백성을 예비하리라(17, 말4:6 참조)"라고 가브리엘 천사가 말했다. 또 가브리엘 천사는 마리아에게 "보라, 네가 수태하여 아들을 낳으리니 그 이름을 예수라 하라. 주 하나님께서 그 조상 다윗의 왕위를 저에게 주시리니 영원히 야곱의 집에 왕 노릇 하실 것이며 그 나라가 무궁하리라(1:32-33)" 말씀하면서 다윗의 언약(삼하7:12-16)을 성취하신다는 약속하였다. 우리 하나님이 누구신가? 하나님은 두 가지를 못하신다(히6:18). 하나는 약속하신 것을 못 지키겠다고 말하지 못하는 분이며, 또 하나는 맹세한 것을 바꾸지 못하는 분이시다. 이 하나님이 최후확정인 약속과 보증인 하나님의 말씀을 성취하시기 위해 메시아를 이 땅에 보내셨다는 사실이다. 이것은 하나님만이 할 수 있는 일이다(1:37, 창18:14). 마리아는 순종하면서 유명한 찬가를 하나님께 드린다. 그리고 엘리사벳이 해산할 날이 차서 아기를 낳으니 이름을 요한이라 하고, 사가랴 역시 하나님께 찬가를 지어 올린다.

2장에서는 예수의 탄생과 예수님의 어린 시절의 이야기를 기록한다. 누가는 예언자적 입장에서 기록하며 인간을 지극히 귀중하게 여기기에 세심하게 인간적인 측면에서, 역사적인 측면에서 어린 시절을 잘 기록하고 있다. 가이사 아구스도는 공식적으로 로마제국의 첫 황제 옥타비누스의 공식 칭호로 로마의 통제에 있는 모든 자산을 정리하기 위하여 자기 동네에서 호적조사를 하도록 명령을 내렸다. 이에 예수님의 아버지 요셉은 다윗의 자손인고로 베들레헴으로 가게 되었다. 그런데 베들레헴은 미가서 5장 2절 말씀대로 메시아의 탄생을 예고한 곳이요, 다윗이 어린 시절 자란 곳이다. 일제히 호적 조사를 하기에 흩어진 베들레헴 출신들이 다 베들레헴에 모이는 바람에 여관이 머물 방이 없었다. 그래서 요셉은 마구간에 잘 수밖에 없는 기막힌 사연이 생긴 것이다. 그런데 그 마구간에 아기 예수를 눕히고 있었는데, 밤에 목자들이 밖에 서서 양을 지키다가 큰 별을 통하여 천사들의 노랫소리를 듣는다. "지극히 높은 곳에서는 하나님께 영광이요, 땅에서는 기뻐하신 사람들 중에 평화로다(2:14)." 그래서 아기 예수께 와서 경배했다. 예수님의 탄생을 반겨주는 이들은 목자, 처녀, 가난한 사람들, 세리 이방인 소외된 자들이다. 누가는 이들이 바로 하나님의 사랑을 크게 받을 사람이 바로 이 사람들이라고 부각하고 싶었을 것이다. 아기 예수는 태어난 지 8일 만에 할례를 받으러 부모가 성전에 올라갔다. 그때 메시아를 기다리던 시므온, 안나가 할례를 받으러 온 예수님을 크게 기뻐했다. 그런가 하면 12살 때 유월절을 지키러 성전에 갔다가 말씀 전하는 자들과 듣기도 하고 묻기도 하는데, 부모는 그것도 모르고 아기를 잃었다고 하여 찾아다니다가 결국 3일 만에 성전에서 찾았다. 이렇게 말씀과 성전을 좋아했다. 그래서 그는 지혜와 키가 자라가면서 하나님과 사람에게 사랑스러워갔다.

오늘 묵상의 말씀

예수님의 어린 시절을 보면서 제일 중요하게 여겼던 것은 무엇인가?

예수님의 사역준비

3장은 예수님의 사역준비와 정체성에 관해 기록하고 있다. 예수님이 사역의 시기는 디베료 가이사가 15년 통치할 때요, 본디오 빌라도가 유대의 총독, 헤롯이 갈릴리 분봉왕, 그 동생 빌립이 이두래와 드라고닛 지방의 분봉왕으로, 루사니아가 아빌레네의 분봉왕으로 있을 때이다. 그리고 대제사장으로는 안나스와 가야바가 봉직하고 있을 때이다. 누가는 철저히 예언자적인 기능에 충실하기 위하여 하나님의 말씀성취 중심으로 기록하고 있다. 그즈음에 하나님의 말씀이 빈 들에서 사가랴의 아들 요한에게 임했다. '이사야의 책에 기록한 대로 광야에서 외치는 자의 소리가 있어 너희는 주의 길을 예비하라 그의 첩경을 평탄케 하라(3:3-4)' 말씀하신다. 이는 요한이 개인이 독단적으로 말하는 것이 아니라 700년 전 이사야 선지자가 예언한 그 말씀을 성취하는 차원이요. 이를 위하여 그리스도가 오실 길을 예비하는 차원에서 말씀을 전하도록 하나님이 명령하셨다는 것이다. 그분은 아브라함의 언약(창12:1-3)을 성취하러 오시는데, 그 언약의 말씀대로 살지 아니한 자는 회개하라는 것이다. 빨리 그분이 오시기 전에 회개하고 그분의 오심을 준비하라는 것이다. 이렇게 회개의 메시지를 전하는 요한을 통하여 예수님은 세례를 받으시고 공식적으로 공생애의 업무에 들어갔다. 그때 율법적으로는 하자가 없는 30세요. 영적으로는 "이는 내 사랑하는 아들이라 내가 너를 기뻐하노라(3:22)." 하나님으로부터 공식 승인을 받았다. 그의 족보를 살펴보면 위로는 아버지 요셉으로부터 시작하여 아담, 더 나아가 하나님에게 이르기까지 정통성에 이상이 없고, 개인적으로는 확실한 정체성을 가진 사명자이다.

4장은 시험받으시면서 공식 업무를 수행하는 내용이다. 이때 항상 성령님의 동행하시는 것을 본다. 1절에 보면 예수께서 성령의 충만함을 입어…. 광야에서 40일 동안 성령에게 이끌리어 시험을 받으러 갈 때도 성령에 이끌리어 가는 것이

신기하다. 마귀는 3가지를 시험한다. 마귀가 주는 과제는 경제력 문제, 권력과 권세, 경영관리 능력이다.

이는 시내 산 언약(출19:5-6)과 다윗언약(삼하7:12-16)을 지키지 아니할 때 내리는 벌인 가난, 질병, 전쟁 그리고 흩어짐(렘29:18, 겔5:12)에 대한 숙제를 어떻게 풀어가겠느냐는 현실적인 문제에 대한 대답을 가지고 있는가 하는 질문이다. 여기에 대한 예수님의 대답은 3가지이다. 1) 기록된 말씀이다. 기록하기를(4:4, 8) 그리고 '말씀하기를(4:12)'로 해답의 카드를 내놓았다. 2) 예배의 문제이다. 오직 예배 대상은 우리 하나님뿐이시다(4:8). 3). 믿음이 해답이다(4:12). 믿음은 검증을 요구하는 것이 아니다. 절대자와 약속한 것을 신실하게 믿고 존경과 사랑을 나눌 때 하나님의 나라가 이루어지는 것이다. 이것을 구약에서 실패했다. 우리 주님은 이것을 몸소 실천하여 하나님의 나라를 이룰 것이다.

시험을 마친 후 얼마 동안 마귀는 떠났고, 예수님은 공생애 사역을 시작했다. 그 첫 사역이 회당에서 말씀을 가르치시는 것이다. '기록하기를', '기록한 대로' 말씀이 첫 번째 예수님의 무기이다. 먼저 이사야 61장 1-2절을 가지고 위 3가지 문제로 시달리는 사람들을 살리겠다고 선포하신 것이다. 중요한 것은 믿는 사람에게는 이루어진다. 엘리야 시대에 많은 과부가 있었으나, 그중 한 사람 이방인 사렙다 과부가 응답을 누렸다. 선지자 엘리사 시대에 많은 중풍병자가 있었으나, 수리아 사람 나아만만 구원받았다. 이처럼 누구든지 영접하는 자에게 주어진다. 그랬더니 동네 사람들이 이방인이 축복받는다는 말이 귀에 거슬렸는지 그를 낭떠러지에 던져 넣으려고 했다. 예수는 민첩하게 그 자리를 피했다. 그리고 갈릴리로 가서 많은 귀신들린 사람을 고쳐 주셨고 베드로의 장모도 고쳐 주었다.

오늘 묵상의 말씀

예수님은 인생의 중대 문제 3가지를 어떻게 해결하겠다고 해답을 제시했는가?

제자 선택과 훈련

5장에서는 첫 제자를 부르면서 사역의 일꾼을 찾으시는 모습을 기록하고 있다. 먼저 베드로를 부르셨다. 4장에서 베드로 장모의 병을 고치시고 친분을 맺어 베드로에게 믿음을 갖게 한 후에 베드로의 필요를 채워주고, 베드로가 감동했을 때 "이제 후로는 네가 사람을 취하리라(5:10)"라고 하여 사명을 주었다. 그랬더니 베드로가 모든 것을 버려두고 전적으로 예수님을 좇았다. 이어서 문둥병 들린 사람과 중풍병 걸린 사람을 고쳐 주셨다. 이렇게 병을 고칠 수 있는 비밀은 고치시는 주의 능력이 그와 함께함이라고 누가는 말하고 있다(5:17). 이렇게 병을 고치니 사람들이 몰려들었다. 그러니까 서기관과 바리새인, 그 당시 유대 지도자들이 예수님을 배척하여 예수님이 "네 죄 사함을 받았느니라"라고 선포한 것에 대하여 시비를 걸었다. 이때 우리 주님은 당신의 정체성을 확실히 하셨다. "인자가 땅에서 죄 사하는 권세가 있는 줄을 너희로 알게 하리라"라고 말씀하면서 중풍병자를 고치신 것이다. 그랬더니 그 환자가 깨끗이 나아서 하나님께 영광을 돌리며 집으로 돌아갔고, 많은 사람이 "오늘 기이한 것을 보았다"라고 말하면서 하나님께 영광을 돌렸다. 그 후에 레위인 세리가 세관에 앉은 것을 보고 "나를 좇으라" 말씀하셨다. 분명한 것은 레위인은 하나님의 일을 하는 사람이다. 그러기에 세금을 거두어서 로마에 바치는 일을 한다는 것은 자존심이 상할 일이다. 그런데도 이 일을 한다는 것을 매우 갈등 생기게 하는 일이다. 이때 그에게 바른 방향을 제시하는 이가 있었는데, 바로 예수님이셨다. 그래서 레위인인 그는 바로 예수님을 좇았던 것이다. 이에 감사하여 잔치하는데, 유다의 지도자들이 세리와 함께 죄인들과 함께 먹고 마신다고 비난하는 것이다. 예수님은 자기 정체성을 확고히 하셨다 "내가 의인을 부르러 온 것이 아니요, 죄인을 불러 회개시키러 왔노라(5:32)." 그러자 이번에는 "요한의 제자들은 금식하는데 왜 당신의 제자들은 금식하지 않고 먹고 마시느냐"라고 책망한다. 구약에서는 당시 금식은 나라를 잃어버렸거나, 왕이 죽었거나, 성전이 파괴했을 때 금식을 했다. 그러나 지금은 성전의 주인이며 하늘나라의 주인공이며 우리의 영적인 신랑이 여기에 있다. 그러니 금식할 때가 아니라 즐거워할 때이다. 그러나 금식할 때가 온다. 신랑을 빼앗길 때가 온다, 그때는 금식해야 할 것이다.

6장은 안식일에 밀밭을 지나가다가 이삭을 잘라 손으로 비벼서 먹었다. 이것을 본 유대인 지도자 바리새인들이 안식일을 범한다고 시비를 걸었다. 또 다른 안식일에 예수께서 오른손 마른 환자를 고치셨다. 그러나 유대 지도자들인 서기관과 바리새인들이 예수를 송사했다. 의도적으로 예수를 책잡으려고 한 사건이었다. 예수님은 "생명을 구하는 것과 생명을 잃은 것 중에 어느 것이 옳으냐?"라고 물으면서 그의 병을 고쳐 주었다. 그랬더니 그들이 분기가 가득하여 예수를 어떻게 처치할까 의논했다(6:1-11).

이럴 때 예수님이 지속해서 하나님의 사역을 확장하려면 필수적인 시스템이 제자 선발과 양육훈련이었다. 그래서 밤이 맞도록 기도하고 제자 중에서 마음에 원하는 자 12명을 선택하여 사도로 임명하셨다. 그리고 진정한 행복에 대하여 설명해 주었다. 가난한 자, 주린 자, 우는 자, 인자를 위하여 핍박을 받는 자가 특히 복이 있다고 격려하시면서 그런 사람들에게 관심을 특별히 가지라는 것이다. 공동생활 중에 남을 비판하지 말라, 소경이 소경을 인도할 수 없으니 소경이 되지 말라, 나무는 열매를 보고 안다. 좋은 열매 맺도록 하라, 인생은 집 짓는 자이다. 비 오고 창수가 나도 반석 위에 지은 자는 요동치 아니한다고 천국의 규칙을 설명하셨다.

오늘 묵상의 말씀

제자 선택의 기준은 무엇이며 어떻게 훈련하셨을까?

오실 그이

7장에서 예수님은 여러 기적으로 사람들의 고통을 치유하시면서 하나님 나라를 확장하는 것에 대해 시범을 보여 주셨다.

가버나움에 들어갔더니 어떤 백부장이 "사랑하는 종이 병이 들어 죽게 되었다"라고 말한다. 그는 유대민족을 사랑하고 회당을 지어준 자이다. 그런데 그의 부하가 병이 들었다고 하니 꼭 치유하도록 발 벗고 뛰는 모습이 너무 믿음직하다. "이스라엘에 이만한 믿음을 만나보지 못했다. 종이 이미 건강하였다"라고 말씀하시면서 회복시켜 주셨다.

또 나인 성으로 들어가시다가 과부와 함께 죽은 상여를 메고 성 밖으로 나가는 무리를 보았다. 그 상여는 젊은 청년의 것이었고, 그 어머니는 과부로서 독자를 잃고 따라가고 있었다. 우리 주님은 가던 길을 멈추고 상여를 멈추게 하고 그 관에 손을 대시며 "청년아 내가 네게 말하노니 일어나라"라고 말했다. 그랬더니 그 시체가 일어나 앉고 말도 하였다. 예수님은 그를 그 어머니에게 인도했다. 누가가 느끼는 예수님은 누구신가? 죽은 자를 살리며 없는 것을 있는 것 같이 부르시는 이시다(롬4:17). 모든 사람이 이 사실을 현장에서 목도하고 두려워하면서 하나님께 영광을 돌렸다. 이 소문이 온 유대와 사방에 두루 퍼지었다. 그리고 모든 일이 세례요한에게 전해졌다. 세례요한이 두 제자를 예수님에게 보내어 "오실 그이가 당신이 오니이까, 우리가 다른 이를 기다리오리이까?"라고 물었다. 이때 예수님은 "너희가 가서 보고 들은 것을 고하라. 맹인이 보며 못 걷는 사람이 걸으며, 나병 환자가 깨끗함을 받으며 귀먹은 사람이 들으며, 죽은 자가 살아나며, 가난한 자에게 복음이 전파된다 하라. 누구든지 나로 말미암아 실족하지 아니한 자가 복이 있도다"라고 말씀하셨다. 세례 요한은 예수님께서 구약의 심판자로 오시자마자 이스라엘의 부정부패를 다 몰아내고, 위계질서를 바로 세우고 로마에서 독립하기를 원했다. 그러나 주님의 방법은 정치적인 방법이 아니라 사랑과 긍휼로 상한 갈대도 꺾지 아니하고 꺼져 가는 등불도 끄지 아니하며 생명을 살리기 위해 오셨고, 이 일이 반복되면서 하나님의 나라가 이루어진다고 믿었다. "지금 보고 느낀 것을 그대로 말하라." 이 말씀은 천국 복음 전파의 방법이다. 그러면서 "요한은 여자가 낳은 자 중에 큰 자라. 그러나 생명을 살리는 자는 아무리 작은 자라도 그보다는 크다"라고 제자들에게 교육하셨다.

이 세대 어떻게 비유할까? 하시면서 피리를 불어도 춤추지 아니하고, 곡하여도 울지 않은 것과 같다고 말했다. 그러다가 한 바리새인의 집에 갔는데, 한 여자가 향유 한 옥합을 가지고 와서 그 발아래 부었다. 예수님은 많이 빚진 자는 많이 사랑하고 적게 빚진 자는 적게 사랑한다고 하셨다.

8장에서 12제자 외에 주님을 섬긴 여자들을 설명하고 나서 씨 뿌리는 비유와 등불 비유를 설명하셨다. 길가 밭, 가시떨기 밭, 돌밭, 좋은 땅 밭이 있다. 좋은 땅에 떨어진 씨는 착하고 좋은 마음으로 말씀을 듣고 지키어 인내로 결실한 자이다. 이들은 100배의 결실을 맺을 것이라고 축복해 주시며 상황 분석하는 법을 가르쳐 주셨다. 등경 위에 두었다는 것은 등불은 빛이요, 빛은 복음인데 이를 드러내 놓고 전하고 퍼뜨릴 때 생명이 어둠에 있지 아니하고 제구실을 한다는 것이다. 우리의 정체성을 혼동하지 않도록 가르쳐 주셨다. 그리고 예수님의 가족이 예수님을 부른다고 할 때 과감하게 공과 사를 구분해주셨다. '하나님의 말씀을 듣고 행하는 이 사람들이 곧 내 어머니와 내 동생들'이라고 냉정한 것 같지만 확실하게 선을 그으셨다. 그리고 거라사의 귀신들린 자에게서 귀신을 쫓아내셨다. 그리고 12년을 아픈 회당장의 딸을 고쳐 주셨다. 예수님의 하루가 정말 정말 바쁘셨다.

오늘 묵상의 말씀

예수님은 누구를 위해 사역하였을까?

12제자 훈련과 70인 훈련

9장은 갈릴리 3차 사역으로, 12제자를 파송하여 천국 복음을 전파하는 것을 기록하고 있다. 갈릴리 촌에 두루 다니면서 천국 복음을 전하고 병을 고치셨다. 분봉왕 헤롯이 그 이야기를 듣고 자기가 죽인 요한이 다시 살아난 것이 아닌지 두렵기도 하고 보고 싶기도 했다. 사도들이 돌아와 전도보고를 한 뒤 벳세다라는 고을로 가는데 무리가 따라왔다. 벳세다에서 복음을 전할 때 거기서 보리떡 5개와 물고기 두 마리로 5,000명 먹이고 12광주리 남는 기적이 일어났다. 그러고 나서 기도하실 때 제자들과 예수님만 따로 있었다. 그때 예수님이 제자들에게 물었다. "너희는 나를 누구라 하느냐?" 이때 베드로는 "하나님의 아들이십니다"라고 대답했다. 그러나 베드로가 고백한 그 말 속에는 예수님을 정치적인 메시아만 들어 있었다. 예수님은 이 사실을 아무에게도 말하지 말라고 하셨다. 그렇지만 우리 주님은 이제 자기의 정체성을 확실하게 말할 필요가 있었다. 그래서 그 고백 이후 처음 자기의 수난을 예고한다. "인자가 많은 고난을 받고 장로들과 대제사장들과 서기관들에게 버린 바 되어 죽임을 당하고 제 삼일에 살아나야 하리라." 다시 말하면 단순한 정치적 메시아의 단계를 뛰어넘어서 구속 사역과 하나님 나라의 참된 메시아로 사역의 관문을 통과해야 한다. 단순하게 정치, 경제문제를 해결하는 유대인 왕의 사역을 초월하여 죽기를 무서워하며 일생에 매여 종노릇하는 모든 자를 놓아주기 위하여(히2:15), 죄와 저주에서 해방하기 위하여(롬8:1-2, 골1:13-14) 십자가를 져야 한다는 것이다. 확실한 이야기를 해야 확실하게 제자가 될 수 있다. 그래서 수난을 첫 번째로 예고한 것이다. 그리고 8일쯤 되어 변화 산에 기도하러 가서 모세와 엘리야를 만나서 예루살렘에서 별세하실 것을 확신했다. 그리고 내려와서 귀신들린 자를 고치시니 그 위엄에 놀란 제자들에게 두 번째로 "인자가 장차 사람들의 손에 넘겨질 것(9:44-45)"이라고 수난을 예고하고는 승천할 기약

이 차가매 예루살렘을 향하여 십자가 지러 올라가기로 굳게 결심하셨다(9:51). 그것도 모르고 제자들은 누가 크냐고 변론을 하고 있고, 어떤 사람들은 예수님이 어디로 가시든지 저는 좇겠다고 고백한다. 이때 우리 주님은 '여우도 굴이 있고 공중의 새도 집이 있으되 인자는 머리 둘 곳이 없도다'라고 말한다. 이는 모든 것을 초월하여 십자가를 지는 일에 올인하는 것이 지고선이라는 것이다.

10장은 이 일 후에 예수님은 70인을 훈련하신다. 예수님이 승천하고 나서 하나님 나라 사역을 지속할 이는 12제자와 더불어 70인 제자이다. 그러기에 그들을 훈련하는 것은 무척 중요하다. 그래서 둘씩 짝을 지어서, 전도 요령을 설명한 후에 동리로 보냈다. 나중에 70인이 돌아와서는, "주여, 주의 이름으로 귀신들도 우리에게 항복하더이다(10:17)"라고 보고했다. 예수님께서 그 보고를 들으신 후에 말씀하신다. "사단이 하늘로부터 번개같이 떨어지는 것을 내가 보았노라. 내가 너희에게 뱀과 전갈을 밟으며 원수의 모든 능력을 제어할 권세를 주었으니 너희를 해할 자가 결단코 없으리라. 그러나 귀신들이 항복하는 것으로 기뻐하지 말고 너희 이름이 하늘에 기록된 것을 기뻐하라(10:18-20)." 복음 전하는 자의 큰 상급이 하늘에 있음을 예고한 것이다. 그리고 예수님이 성령으로 기뻐하면서 "아버지여, 이것을 지혜로운 자들에게는 숨기시고 어린아이들에게는 나타나심을 감사하나이다"라고 고백하고 있다. 그 후 예수님은 강도 만난 사람을 사랑하는 것이 이웃을 사랑하는 것이라 말씀하시고, 마르다와 마리아를 통하여 한 가지라도 족할 수 있는 일을 권했다. 이것이 천국 사역의 특징이다.

오늘 묵상의 말씀

12제자 훈련과 70인 훈련을 통한 예수님의 확신은 무엇인가?

제자 훈련 핵심(1)

11장은 기도에 대해서 가르치고 있다. 신앙생활에서 제일 중요한 것은 기도이다. 1) 기도 내용은 주기도문이다. 하나님의 이름이 거룩하게 여기는 것, 이를 위하여 영광이 하나님께 가는 것이고, 육신을 가졌기에 일용할 양식과 또한 더불어 살아가기에 죄의 용서를 통한 화목이다. 2) 기도의 자세이다. 한밤중에 찾아와 강청하는 자의 상황처럼 기도의 상황을 인식하여야 한다. 3) 기도의 태도는 구하라(Ask), 찾으라(Seek), 두드리라(Knock), 이것이 기도 법칙(ASK)이다. 그러면 구하는 이마다 받을 것이요. 찾는 이가 찾을 것이요. 문을 두드리라. 그러면 너희에게 열릴 것이라. 이것이 기도의 법칙이다(11:9).

그 뒤 말 못하게 하는 귀신들린 사람을 낫게 하였더니, "귀신이 귀신을 쫓아낸다"라고 사람들은 놀렸다. 그래서 "스스로 분쟁하는 집은 무너진다", "내가 만일 하나님의 손을 힘입어 귀신을 쫓아내면 하나님의 나라가 이미 너희에게 임하였느니라"라고 말씀하신다. 그리고 바리새인들에 당할 화를 알려주었다.

12장에서 예수님은 바리새인의 집에서의 마지막에 환난에 대비하여 바리새인의 위선에 주의하라고 말씀을 전하신다.

"몸은 죽이고 그 후에는 능히 더 못하는 자들을 두려워하지 말라. 마땅히 두려워할 자를 내가 너희에게 보내리니 그를 두려워하라. 사람이 너를 회당과 위정자 같은 권세 있는 이 앞에 끌고 가거든 어떻게 무엇으로 대답하며, 무엇으로 말할 것을 염려치 말라. 마땅히 할 말을 성령이 곧 그때 가르치시리라(12:11-12). 삼가 모든 탐심을 물리치라. 사람의 생명이 그 넉넉한 데 있지 아니하니라(12:15). 너희는 '무엇을 먹을까? 무엇을 마실까?' 하며 구하지 말라. 근심하지도 말라. 이 모든 것은 세상 백성이 구하는 것이라. 너희 아버지께서 이런 것이 너희에게 있어야 할 줄을 아시느니라. 그러므로 너희는 먼저 그의 나라와 그의 의를 구하라. 그리하면 이런 것들을 너희에게 주시기를 기뻐하시느니라(12:32). 내가 이미 불을 땅에 던지러 왔노니 이 불이 이미 붙었으면 내가 무엇을 원하리요(12:49)."

예수님은 환난 가운데서 오로지 이길 힘은 불과 같은 연단 속에서 성령의 불 체험을 하는 중요하다는 것을 말해주고 있다.

13장에서 갈릴리에 망대가 무너져 치어 죽은 사람이 18명이 되었다. 그 사람이 예루살렘보다 더 죄 많은 것은 아니다. 너희도 만일 회개하지 않으면 다 이와 같이 망하리라(13:3, 5). 남의 일이 아니다. 나의 실수가 조금씩 모여서 나중에는 통제할 수 없게 되어 망하게 되는 것이다. 이에 대한 예로 한 무화과나무의 비유를 말하고 있다. 3년 동안 열매를 구했으나, 구하지 못한 무화과나무를 주인은 찍어버리라, 땅만 허비한다고 했다. 이때 과원지기는 호소한다. "금년만 그대로 주소서. 내가 두루 파고 거름을 주리니 이후에 만일 실과가 열면 좋거니와 그렇지 않으면 찍어버리소서(13:8-9)." 이런 심정이 있어야 하나님의 나라를 이룰 수 있다.

안식일에 회당에서 18년 된 귀신들려 꼬부라져 조금도 펴지 못하는 한 여자를 보고 우리 주님은 고쳐주었다. 그랬더니 무리가 "엿새가 있는 데 왜 하필 안식일날 일 하는가?"라고 시비를 걸었다. 18년 동안 사단에게 매인 이 사람을 풀어주는 것이 합당하다고 말했다. 그러면서 "천국은 겨자씨 한 알과 여자가 가루 서 말 속에 갖다 넣은 누룩 같다. 작은 것 하나가 자라서 천국이 된다"라고 말씀하신다. 이렇게 한 생명 한 생명 살리는 일에 굉장한 심혈을 기울이는 본을 보이셨다(13:10-30). 이어서 헤롯이 당신을 죽이고 한다는 말을 듣고 "오늘과 내일과 모레는 내가 갈 길을 가야 하리니 선지자가 예루살렘 밖에서는 죽는 법이 없느니라"라고 말씀하시면서 자신의 각오를 알렸다(13:33).

오늘 묵상의 말씀

기도와 함께 매일 겨자씨 한 알처럼 믿음이 자라나는 모습을 어떤 모습일까?

제자 훈련 핵심(2)

14장은 안식일에 한 바리새인의 집에서 떡 잡수러 갔다가 교훈하는 내용이다. 1) 고창병 있는 환자가 거기 있어서 그의 병을 고쳐주었다. 바리새인들이 엿보고 있었지만, 우리 주님은 작은 자 하나라도 더 치료하기를 원했다. 2) 혼인 자리에 청함을 받았을 때 상좌에 앉지 말라. 3) 잔치를 베풀 때 부한 사람을 청하지 말라. 차라리 가난한 사람과 아픈 사람들을 불러오라. 4) 잔치할 때 많은 사람을 불렀으나 오지 아니했다. 그래서 길가와 산울가로 나가서 강권하여 데려오라는 말씀을 들려주었다. 그리고 제자 됨의 자세를 말하고 있다. 망대를 세우는 자도 예산을 세워서 집행하고, 전쟁터에 가는 자도 다른 적군과 싸울 때에 이길 수 있을 것인가 헤아려 보고 나가는 것인데, 주님의 제자가 되려면 자기의 전 재산을 버리고 전적으로 헌신해야 한다고 말씀하셨다(14:25-35).

15장은 죄인과 세리들이 말씀을 들으러 예수님께 가까이 왔을 때 유대 지도자들인 바리새인과 서기관들이 원망했다. 이때 예수님이 다음과 같이 비유의 말씀을 들려주었다.

	주체	대상	배경	비율	교훈
잃은 양의 비유	목자	양	들판	100:1	찾은 보람
잃어버린 드라크마의 비유	가정주부	돈	집안	10:1	찾은 기쁨
방탕한 자녀의 돌아옴	아버지	아들	사회	2:1	회복된 감격

첫 번째 비유는 잃어버린 한 마리 양은 소수이다. 무리에 들지 못하는 존재들, 법의 혜택을 받지 못하고, 경제성도 없다. 그러기에 소홀할 수 있으나 그들도 똑같은 인격이다. 두 번째 비유인 드라크마 비유에서 여자에게서 귀한 보물은 기념비적인 기억이 있다. 그중에 하나가 손상되면 그 의미에도 손상을 준다. 세 번째

는 집 떠난 한 아들이 돌아온 것에 대한 비유다. 물론 지금 집에 있는 아들은 당연히 중요하다. 그러나 아비의 마음은 자녀들 모두 잘 되었으면 좋겠다는 것이다. 유대인의 정서는 선택된 백성을 강조하다 보니 죄인, 세리, 이방인, 여자, 아이들을 귀하게 여기지 않거나 무시할 때도 있다. 그러나 예수님은 모든 사람을 인격적으로 사랑하고 존귀하게 여긴다. 이것을 제자 훈련의 중요한 덕목으로 강조하고 있다.

16장에서는 불의한 청지기의 비유를 설명하셨다.

주인이 불의한 청지기의 소문을 듣고 그에게 해고를 명령했다. 이때 불의한 청지기는 '내 직장을 잃으면 무엇을 할꼬? 땅을 파자니 힘이 없고, 빌어먹자니 부끄럽구나(16:3)'라고 생각했다. 그래서 후속 조치로 빚진 고객들을 일일이 불러서 기름 백말은 오십으로, 밀 백석은 팔십으로 탕감해주었다. 이는 불의한 청지기로 살기 위한 차선의 방법을 간구한 것이다. '이렇게 하면 직분을 빼앗긴 후에 저희가 나를 후대할 것'이라고 믿었다는 말이다. 예수님은 이런 비유를 말하면서 그 불의한 종이 자신의 미래를 위한 후속 조치를 잘하였다고 칭찬한다. 이는 사람이 두 가지 일에 다 충성할 수 없을 때는 한 가지 일에라도 충성을 다해야 한다는 뜻으로 제자도를 설명하고 있다.

이어서 예수님은 부자와 거지 나사로 이야기를 통하여 물질에 집착한 유대인들을 경고하기 하셨다. 내세의 삶에 대한 준비하는 사람들이 이 세상의 불의한 재물에 집착하여 부를 누리는 것보다는 좀 가난하더라도 거지 나사로처럼 살지만, 천국에 소망을 두는 삶의 훨씬 의미 있는 삶이 될 것이라고 경고하고 있다.

이는 제자로서 주님을 따를 때 어떤 가치관을 가져야 할 것인가를 명확하게 알려주는 대목이다.

오늘 묵상의 말씀

제자훈련에서 가장 중요한 핵심가치는 무엇인가?

제자 훈련 핵심(3)

17장은 한 사람을 중요시할 때 용서에 관해 말하고 있다. '작은 자 하나를 실족하면 연자 맷돌을 그 목에 매여 바다에 던져지는 것이 낫다'라는 말은 그렇게 하라는 말이 아니라 한 사람을 그만큼 소중히 여기라는 뜻이다. 할 수 있으면 하루에 일곱 번씩 죄를 지어도 일곱 번 회개한다고 하면 일곱 번씩 용서하라는 것이다. 이런 교육을 계속 받은 제자들은 "이런 믿음을 더하소서(1:5)"라고 간청했다. 감당하기 어려운 요구라는 뜻이다. 그러자 예수님은 "너희에게 겨자씨 한 알 만큼의 믿음이 있어서 이 뽕나무에 뿌리 뽑혀 바다에 심기어라 말했을 것이고, 그러면 뽕나무가 순종했을 것"이라고 말씀하신다. 종의 중요한 덕목은 순종이다.

"어떤 종이 하루 종일 밭 갈거나, 양을 쳐서 돌아오면, 곧바로 가서 음식을 달라고 할 수 있느냐? 주인에게 먹을 떡을 준비하여 드리고 수종 들고 그 후에야 먹고 마시라 하지 않겠느냐? 그렇듯이 우리도 명령을 받은 것을 다 행한 후에 이르기를 우리는 무익한 종이라 우리가 하여야 할 일을 한 것뿐이라 할지니라." 예수님은 제자도에 대한 확실한 내용을 교육했다. 그리고 예루살렘으로 들어가면서 열 명의 나병환자를 만나서 치료해 주셨다. 아홉 명은 유대인이고 한 명은 이방인이었다. 그런데 유대인은 한 명도 와서 감사의 표시를 하지 않고 오직 이방인 한 명만이 와서 사례했다. 이를 보고 예수님은 선민사상을 가졌지만, 감사의 예의를 표시하지 않은 자들보다 예수님을 메시아로 인정한 이방인을 더 귀하게 여긴다는 사실을 보여주고 있다. 이만큼 누가는 이방인과 작은 자의 하나님 앞에서 소중하다는 것을 현장교육을 통하여 눈을 뜨게 했다.

그 후에 유다 지도자인 바리새인들이 하나님의 나라가 언제 올 것인지를 물으러 왔다. 그들은 하나님의 임재는 바로 예수님의 임재라는 사실을 몰랐다. 그래서 우리 주님이 말씀했다. "하나님 나라는 너희 안에 있느니라(17:20)." 그리고 제자들만 모였을 때에 재림의 때에 관해 자세하게 설명해 주었다. "사람들이 많은 고난을 받으면서도 준비가 되어 있지 않아서 버림을 받을 것이다. 노아 방주 때처럼 먹고 마시고 시집가고 장가들고 하면서 홍수 속에서 다 멸망하듯이 그럴 것이다. 그날을 준비하라."

18장은 제자훈련의 마지막으로 다시 기도에 대하여 강조하고 있다. 제자훈련을 시작할 때 11장에서는 기도의 내용과 방법을 중요시 여겼는데, 여기서는 지속을 위해서 1) 낙심하지 말 것 2) 끈질김 3) 원한 맺힌 기도를 하듯 불타는 열정이다. 이를 위한 상황을 가난한 한 과부가 심판관에게 원한을 풀어달라고 했다. 자꾸 번거롭게 계속 요청하다 보니 속히 그 원한을 풀어준다는 것이다. 또한, 자기 부정의 기도이다. 바리새인과 같은 기도가 아닌 세리와 같은 가슴 치는 기도를 응답하신다. 그때 어린아이 하나를 만지면서 이런 어린아이와 같이 받아들인 자만 하나님 나라에 들어갈 수 있다고 하셨다. 그러니 어린 소자 하나를 중요하게 여기라고 강조하셨다. 그리고 어떤 공무원관리가 "내가 무엇을 하여야 영생을 얻으리이까?"하고 물었다. 이때 예수님은 한 가지를 강조했다. "가진 것 다 팔아 가난한 자에게 나누어 주라 그리고 와서 나를 따르라." 그러자 그 부자는 재산이 많아서 심히 근심하면서 돌아갔다. 이때 베드로가 "우리는 다 버리고 주를 따랐나이다"라고 말했다. 그러자 예수님은 "너희에게 이르노니 현세에서 여러 배를 받고 내세에서 영생을 받지 못할 자가 없으리라"라고 확약했다.

그러면서 예루살렘에 올라가는 중에 인자가 이방인들에게 넘겨져 희롱을 당하고 능욕을 당하고 침 뱉음을 당하고 죽을 것이나 3일 만에 다시 살아나리라고 말했다. 물론 제자들은 그 말이 무슨 뜻인지 알지 못했다. 그러는 중에서도 여리고에 가까이 왔을 때 한 맹인이 크게 소리 질러 고쳐 달라고 외치니, 그를 고쳐주셨다. 이는 작은 자에 대한 예수님의 관심도를 알려 주는 대목이다.

오늘 묵상의 말씀

제자 훈련과 한 사람의 중요성에 대하여 생각해보자.

예루살렘 입성

19장은 예루살렘으로 향하는 중에 여리고에서 삭개오를 만난 이야기이다. 그는 메시아 만나기를 기다렸다. 모든 장벽을 뛰어넘고서라도 꼭 메시아 만나기를 원했다. 예수님은 삭개오의 마음을 아셨다. 그래서 삭개오의 집에 유하겠다고 하면서 "인자의 온 것은 잃어버린 자를 찾아 구원하려 함이니라(19:10)" 말씀하셨다. 그만큼 누가는 예수님의 관심이 작은 자 한 사람에 굉장한 관심이 있다는 것을 보여주고 있다. 이런 사건 속에서 제자들이 예수님이 예루살렘에 입성하면 바로 로마의 권력에서 해방된다고 생각하고 흥분한 감정을 가라앉히기 위해 예수님은 은 열 므나 비유를 말씀하셨다. 어떤 귀인이 왕위를 받아 오려고 먼 나라에 갈 때 10므나, 5므나, 1므나를 맡겼다. 10므나와 5므나를 맡은 사람은 충실했는데, 1므나 맡은 사람은 불성실하여 있는 것도 빼앗겼다. 우리 주님이 재림하실 때 중요한 것은 작은 하나에 충성하지 못할 때 있는 것도 빼앗기고 죽게 된다는 것을 말하면서 왕의 재림을 바라보면서 작은 일에 충성하도록 경각심을 불러일으키고 있다. 이 말씀을 하시고 나서 바로 예루살렘으로 향하여 갔다. 감람산 가까이 왔을 때 제자들을 보내어 아직 한 번도 타보지 아니한 나귀 새끼를 타고 예루살렘에 입성한다. 그때 사람들이 자기의 겉옷을 길에 펴고 "찬송하리로다, 주의 이름으로 오시는 왕이요. 하늘에서는 평화요, 가장 높은 곳에서는 영광이로다(슥9:9)"라고 고백한다. 예수님은 예루살렘에 도착해 성을 보면서 우셨다. 미래를 보면 성이 무너지기를 돌 위에 돌이 하나도 남지 않을 것 생각하니 안타까운 것이다.

그리고 둘째 날(월요일)에는 성전에 들어가서 깨끗이 숙정했다. 왜냐하면, 성전은 사무엘하 7장 12-16절을 이룩하기 위한 중요한 교회활동의 기도이다. 그런데 기도를 통한 하나님 만나는 장소로서의 본질을 제외한 다른 활동을 안타까워하면서 성전을 숙정했다. 전날 예수님이 우신 것은 이렇게 교회가 그 본질을 놓치면 결국은 무너지기 때문이다. 그래서 먼저 교회의 본 사명은 감당하도록 충격요법으로 상을 엎은 것인데, 그 당시 지도자들은 그 깊을 뜻을 모르고 성전 모독죄로 죄명을 붙여 죽이려고 서로 의논했다.

20장에서 예루살렘 입성해 세 번째 날 화요일에는 성전에서 천국에 대해 강론했다. 물론 유대 지도자는 예수님에게 "무슨 권세로 이런 일을 하는가?" 물었다. 그것은 진정한 의미에서 알고 싶거나 배우고자 하는 자세가 아니라 시비를 걸려고 한 질문이기에 예수님도 반문법으로 대한다. 그리고 비유를 통하여 악한 농부 이야기를 한다. 한사람이 포도원을 만들어 농부에게 세로 주고 타국에 가 있다가 포도원 소출을 받기 위하여 종을 보냈더니, 그를 심히 때리고 거저 보냈다. 다른 종을 보냈더니 심히 때리고 능욕을 해서 보냈다. 세 번째도 보냈더니, 상하게 때리고 거저 보내었다. 그래서 '내 사랑하는 아들을 보내면 공경하겠지'하는 마음에 아들을 보내었는데, 그를 죽였다. 그런즉 포도원 주인이 와서 그 농부를 진멸하고 다른 사람에게 줄 것이라고 하자 서기관과 대제사장들이 자기를 보고 한 이야기인 줄 알고 즉시 잡으려고 했으나 잡지 못했다. 그들은 예수님을 책잡으려고 수시로 사람들을 보냈다. 세금을 가이사에게 바치는 문제, '결혼 후 형이 아들이 없어 죽을 때 아내가 시동생과 결혼하고 그렇게 하기를 7형제면 누구의 아내가 되느냐?'라는 문제로 책잡으려 하나, 예수님의 적합한 대답에 그들은 약점을 잡지 못했다. 예수님은 서기관들의 허세를 조심하라고 제자들에게 경고하고 있다. 여기에서 우리는 '도적이 오는 것을 도적질하고 내가 온 것은 양으로 생명을 얻고 풍성하게 하려는 것(요10;10)'이라는 주님의 말씀을 기억할 필요가 있다.

마귀는 사람들을 통하여 항상 믿는 자들을 죽이고 멸망시킬 일을 찾지만, 예수님은 죽음이 임박한 주간에도 한 사람의 생명이라고 더 깨우치고 살리려고 애를 쓰는 모습을 볼 수 있다.

오늘 묵상의 말씀

예루살렘 입성하면서 제일 챙긴 내용이 무엇인가?

성만찬과 종말의식

21장은 지난번 울면서 말씀한(19장) 대로 예루살렘 성전이 돌 위에 돌 하나 남지 않을 정도로 망한다는 것을 경고하고 있다.

그때의 징조가 무엇인가? 1) 스스로 그리스도라고 말하는 자들이 많이 나타난다. 2) 난리 난리의 소문이 일어나고 천재지변이 일어난다. 3) 변절자들이 나타난다. 4) 처처에 기근과 지진과 온역이 있고, 무서운 일들이 벌어진다. 이것은 말세의 시작이며 아직 끝은 아니다. 이때 변명할 것은 미리 연구하지 않도록 결심하라. 이럴 때 제자들이 핍박이 올 때 너희의 인내로 너희 영혼을 얻는다고 말한다. 이 말은 핍박 속에서 믿음을 지키는 덕목은 인내이다. 그리고 대환난이 오면 재림의 때가 가까이 온 것인데, 이때 예루살렘이 군대에 에워싸는 것을 보게 된다는 것이다. 이것은 멸망이 가증했던 안티오커스 4세가 예루살렘 성전에 주피터 신전을 세운 때(BC 168)처럼 AD 70년 티토 장군에 의해 예루살렘이 멸망할 것을 미리 경고한 것이다. "그날에는 아기 밴 자들과 젖 먹이는 자들에게 화가 있으리라" 말씀하면서 의미 있는 일을 하는 자에게 안팎으로 어려움이 있으니 미리미리 조심하라고 예고한다. "이런 징조는 무화과나무를 보면서 느껴라, 싹이 나면 여름이 가까운 줄로 아는 것처럼 이런 일이 생기면 하나님 나라가 가까운 줄로 알라"고 말씀하면서 위기에는 항상 기회가 있다는 것을 깨닫고 분별력을 가지라고 격려하신다. 이런 비밀은 기도해야 하고 깨어 있는 자에게 특별히 깨닫는 축복이 임할 것이다.

22장은 예루살렘 입성 5일째 된 날이다. 유대인 지도자인 대제사장과 서기관은 가룟 유다와 함께 예수님 죽일 방책을 의논하며 돈을 주기로 하고 기뻐했다. 그리고 유월절 전날 성만찬을 거행하였다. 유월절은 이스라엘 백성이 애굽에서 구원받은 날을 기념하는 날이다. 이때 어린양의 피를 문설주에 바른 이스라엘 백성은 죽음의 재앙에서 다 '넘어'갔다. 그리고 양고기와 무교병을 먹었다. 그 피는 구속의 피로 문설주에 발라서 재앙이 멀리 떠난 것이라면 떡을 구속받은 증거인데, 이 구약은 예수그리스도의 예표이면 신약의 예수그리스도가 진정한 구원의 양식이요, 음료수가 되는 것이다. 이를 위하여 예수님은 인간을 죄와 죽음에서 건지고 부활로 구약의 모든 제사를 완성하기 위하여 사역을 위하여 이제 제물이 되어주신 것이다. 이렇게 만찬을 하시고 찬송을 하면서 습관(정규적 관례)에 따라 감람산에 기도하러 올라갔다. 제자들에게 시험에 들지 않도록 기도를 부탁했다. 애쓰고 힘써 기도할 때에 간절히 기도하니, 땀이 땅에 떨어지는 핏방울 같았다. 얼마나 간절한가를 보여주고 있다. "그러나 나의 뜻대로 마시고 아버지의 뜻대로 되게 하소서"라고 마감의 결단 기도를 했다. 그리고 예수님은 가룟 유다 왕에게 인자를 팔러오는 계략을 허용하시고 잡혀 주셨다. 그리고 끌려 대제사장의 집으로 갔고 베드로는 멀찍이 따라가다가 3번이나 예수님을 부인했다. 예수님은 산헤드린 공의회에 끌려가서 그들이 묻는 말에 침묵하셨다.

이 침묵의 의미는 첫째는 왕적인 침묵으로 만왕의 왕으로 거짓 증인에 대한 응답할 필요가 없다는 뜻이다. 둘째는 제사장적인 침묵으로 많은 사람의 희생제물이 되심으로 '어린양의 잠잠함과 같이 그 입을 열지 아니하였도다(사53:7)'라는 말씀을 성취하신 것이다. 셋째는 선지자적인 침묵으로 머지않아 예수는 하나님의 아들로서 인류를 죄에서 건지시고 살길을 제시하시는 것 속에서 하나님의 비밀을 알려주신다. 그러나 인자가 하나님의 아들이라는 것에 대하여는 확실하게 대답하여 알린다.

오늘 묵상의 말씀

성만찬에서 전해주시는 메시지와 이를 위한 준비 기도를 통하여 무엇을 배울 수 있는가?

예수님의 부활과 최종 관심

23장은 예수님이 예루살렘 입성 한 6일째 날로서 예수님의 십자가와 죽음에 대해 기록하고 있다. 결국, 예수님은 국민과 지도자들에게 미움을 받아 고발되었다. 이른바 정치범이요, 죄목은 3가지이다. 1) 민중을 선동한 반란죄 2) 황제에게 세금을 바치지 말라고 한 언동 3) 자칭 왕, 즉 '그리스도'라는 말은 종교적 의미로 기름 부은 왕인데, 정치적인 왕으로 왜곡한 것이다.

그러나 영적인 의미에서 십자가는 3가지를 해결하기 위한 중요한 사건이다. 1) 사망의 세력을 잡은 자 마귀를 없이하시며(히2:14), 2) 죽기를 무서워하며 일생에 매여 종노릇하는 자를 놓아주려 하심이라(히2:15). 3) 길을 잃어버린 자를 구원하려 함이라(눅19:10). 그러나 빌라도가 보기에 예수님은 죄가 없었다(23:4). 그래서 죄가 없다고 하니 백성들이 소리쳤다. "그가 갈릴리에서 시작하여 여기까지 와서 소동하나이다." 이때 갈릴리라는 소리가 들렸다. 갈릴리는 헤롯의 소관이라, 책임을 회피하기 위해 빌라도는 이 일을 헤롯에게 위임했다. 마침 헤롯은 예수님을 보고 싶은 호기심이 있어서 매우 기뻐했다. 중대한 문제는 묻지 않고 호기심만 채우는 질문을 하니 예수님은 침묵하셨다. 그러자 다시 빌라도에게 넘겨졌다. 빌라도는 아무리 죄를 찾아도 발견하지 못했다. 세 번이나 그렇게 말했는데, 워낙 데모 대원들이 강하게 예수님을 십자가에 못 박으라고 소리 질러대니 마음 약해서 십자가에 못 박도록 허락했다. 그래서 십자가를 끌고 가는데, 힘에 부쳐서 구레네 사람이 시골에서 오는 것을 붙잡아 군인들이 그에게 십자가를 지워서 예수님을 따라오게 했다. 여자들이 울면서 뒤따라갔다. 이를 보고 예수님은 "나를 위하여 울지 말고 예루살렘을 위하여 울라"고 격려했다. 그리고 저들을 용서해 달라는 기도와 양쪽 십자가에 달린 강도 중에 한 사람에게 "오늘 네가 나와 함께 낙원에 있을 것이다"라고 죽으면서도 전도하여 한 생명을 살리는 중요한 일을 하셨다.

그리고 "아버지 손에 내 영혼을 부탁하나이다" 하시고 운명하셨다. 놀라운 것은 백부장이 "이 사람은 정녕 의인이었도다"하고 하나님께 영광을 돌렸다.

24장은 안식 후 첫날 막달라 마리아와 다른 마리아가 향품을 바르기 위하여 무덤에 가는 장면이다. 거기서 "너희가 어찌하여 살아 있는 자를 죽은 자 가운데서 찾느냐?"는 두 사람의 이야기를 듣고 놀랐다. 그래서 제자들에게 달려와 말했더니 허탄한 듯 듣지 아니했으나, 오직 베드로가 무덤에 달려가서 이 사실을 확인하고 놀라 했다. 그런 줄도 모르고 글로바와 또 한 제자가 낙심하여 엠마오로 가는데, 예수님이 동행하며 고난 받아야 하고 부활해야 할 사실에 대하여 자세히 설명해 주었다. 그들은 가슴이 뜨거워져서 조금씩 성경의 뜻을 이해했다. 그래서 집에 모시고 식사를 하는 중에 그만 예수님인 줄 알게 되니 예수님은 떠나셨다. 이 두 제자는 가던 길에 돌이켜 빨리 예루살렘으로 와서 이 사실을 알렸다. 그렇게 하여 그들이 보았던 예수, 떡을 떼는 중에 마음이 뜨거워서 예수님을 알아보게 되었다는 그 이야기를 그들에게 전해 주었다. 그때 예수님이 그 방에 들어오셨다. 그리고는 십자가에 못 박힐 때의 손발 상처 흔적을 보여 주셨다. 그리고 "모세의 율법과 선지자의 글과 시편에 기록한 예수에 관해서 모든 것이 이루어져야 할 것이라"라고 말씀하셨다. 그 핵심내용이 바로 '그리스도가 고난을 받고 제 삼일에 죽은 자 가운데서 살아날 것과 그가 죄 사함을 받게 하는 회개가 예루살렘에서 시작하여 모든 족속에게 이 복음이 전파될 것'이 기록되었으니, "너희는 이 모든 일의 증인이라"라고 제자들에게 말씀하셨다. "내가 내 아버지께서 약속하신 것을 너희에게 보내리니 위로부터 능력으로 입혀질 때까지 이성에 머물러 기다려라"

누가는 예수님이 인간적인 입장에서 가난한 자, 소외된 자, 여인, 이방인 등 사회에서 버림받은 자들에게 세밀한 관심을 보이시면서 예수가 온 세상의 구주라는 관점에서 복음서를 기록하고 있다.

오늘 묵상의 말씀

주님의 최종 관심은 무엇인가?

말씀이 육신이 되심과 첫 기적

1장은 예수님은 영적인 존재로서 처음부터 선재성을 강조하고 있다. 공관복음은 예수님이 육신으로 태어나셨기에 누군가가 정통성을 지원해 주어야 한다면 요한복음은 우주 만물이 시작하기 전에 태어났기에 태초부터 계셨고, 말씀으로 왔고, 그 속에 생명으로 왔기에 다른 사람의 증명이 필요 없었다. 세례요한이 그 사실을 알고 증거 했으나, 사람들은 수용하지 못했다. 그러나 영접하는 자 곧 그 이름을 믿는 자들은 하나님의 자녀가 되는 권세를 주셨다. 이 말씀은 지금까지 모세를 통하여 주신 출애굽기 19장 5-6절의 하나님의 백성을 되는 자격을 주신 것이다. 모세와 다른 점이 있다면 모세는 율법을 통하여 언약을 주신 것이고, 예수님을 영접해 자녀의 권세를 획득함으로 은혜와 진리가 충만하게 된다는 사실이다.

세례요한은 사람들에게 "나는 그의 신발 끈을 풀기도 감당치 못하겠노라. 나는 광야에서 외치는 소리다"라고 말했다. 그는 예수님을 보자마자 "보라 세상 죄를 지고 가는 하나님의 어린 양이로다"라고 고백했다. 예수님은 그에게 세례를 베풀었다. 이튿날 요한의 두 제자가 예수님을 따르게 되었고, 시몬과 빌립, 안드레와 나다나엘이 예수님의 제자가 되었다.

2장은 가나 혼인잔치에서 예수님의 첫 기적의 이야기를 하고 있다. 잔칫집에 포도주가 떨어졌다. 그래서 예수님께 말했더니 항아리에 물을 채워 갖다 주라 했고 그대로 했더니 포도주 맛이 이전보다 더 좋았다. 연회장 손님들은 "도대체가 어찌 된 일인지 이전보다 더 좋은 포도주를 주느냐?"라며 놀라 했다. 그 비밀은 아무도 모르나, 물 떠온 하인은 알았다. 그 기적 이후 예수님은 유월절이 되어 성전에 가셨다. 성전 안에서 비둘기파는 사람, 돈 바꾸는 사람이 있어 예수님은 상을 엎으시면서 "여기서 가져가라. 내 아버지 집으로 장사하는 집을 만들지 말라"라고 말씀하셨다. "너희가 이 성전을 헐라, 내가 사흘 동안에 일으키리라." 이 성전은 다윗언약(삼하7:12-16)을 성취(왕상8:15)하신 내용으로 우리 주님이 눈과 귀가 있어서 영원토록 이스라엘 나라의 왕 노릇하시는 곳이다. 그런데 이곳을 장사하는 집으로 만들었으니, 백성들이 하나님 만나는 통로가 없어진 것과 마찬가지이다. 그래서 주님이 '내가 내 교회를 세우리니 음부의 권세가 너를 이기지 못할 것'이라고 결심하고 이 땅에 내려왔고, 공생애 처음으로 가서 성전을 깨끗이 청소한 사건은 예수님 자신이 죽었다가 3일 만에 살아날 것을 예고하신 내용이다. 이 말씀은 예수님이 살아나신 후에야 제자들이 그 말씀의 의미를 깨달았다.

3장은 유대인 지도자 니고데모가 예수님을 만나는 이야기부터 시작된다. 그는 예수님을 만나서 어떻게 하여야 하나님 나라에 들어갈 수 있는지 알고 싶었다. 예수님은 그를 직시하여 "사람이 거듭나지 아니하면 하나님 나라를 볼 수 없느니라(3:3)"라고 대답했다. 이를 위하여 광야에서 모세가 뱀을 든 것처럼 예수님이 십자가에 달려서 높이 들릴 때가 올 것이다. 이때 뱀을 본 자는 살아났듯이 예수님이 십자가에 달리신 것을 믿고 예수님을 바라보고 믿는 자는 죄의 문제가 해결됨으로 영생을 얻게 될 것이다. "하나님이 세상을 이처럼 사랑하사 독생자를 주셨으니 이는 그를 믿는 자마다 영생을 얻게 하려 하심이라(3:16)."라고 말했다.

이런 사실에 대하여 직감을 가진 세례 요한은 예수님이 유대 땅으로 들어오신다는 이야기를 듣고 "그는 흥하여야 하겠고 나는 쇠하여야 하리라"라고 말했다. 이 사역을 위하여, 하나님이 성령을 한량없이 부어주셨고, 하늘의 모든 권세를 아들의 손에 다 주었다. 그리고 아들을 믿는 자에게는 영생이 있고, 아들에게 순종하지 아니하는 자는 영생을 보지 못하고 도리어 진노가 그 위에 임할 것으로 깨달았다.

오늘 묵상의 말씀

유대 지도자 니고데모가 궁극적 관심은 무엇이며, 예수님이 응답은 무엇인가?

38년 병자와 오병이어의 5,000명

4장은 예수님이 초기 유대 사역을 마치고 갈릴리로 갈 때 발생한 일을 기록하고 있다. 당시 유대인들은 BC 722년, 앗수르가 북 이스라엘을 침공한 이래로 혈통과 종교에 대하여 순수성을 잃어버렸기에 사마리아와 상종을 하지 않으려 했다. 그런데 예수님이 의도적으로 이곳을 찾아 수가성의 우물에 들렸다. 그때 물 길으러 온 여성을 만났는데, 그녀에게 말을 걸어서 영생의 우물을 깨닫게 하셨고, 그리스도의 비밀을 깨닫게 하셨다. 그 여인의 궁극적 관심은 예배였다. 그 예배를 어떻게 드려야 하는 것에 대하여 예수님이 분명하게 설명해 주셨다. 신령과 진정으로 예배할 때가 오나니, 곧 이때다. 장소가 중요한 것이 아니라 메시아를 모시고 예배할 때가 온다. 거기에서 생수가 흘러오기 때문이다. 그것을 확실하게 가르쳐 주었다. 이는 새 시대의 진리는 인종과 빈부귀천의 차별이 없이 누구에게나 복음으로 주어진다는 사실을 알려 주기 위함이다. 그래서 그녀뿐만 아니라 그 온 동네에 복음이 전파되었다. 그때 제자들이 동네에 들어가서 식사를 준비하고 와서 예수님께 드시라고 하자, "내게는 너희가 알지 못하는 먹을 양식이 있느니라. 나의 양식은 나를 보내신 이의 뜻을 행하는 것"이라고 말씀하셨다. 예수님의 양식은 사명이다. 한 생명이라도 영생을 얻게 하는 것이다. 그 사이에 그 여자는 동리에 가서 그녀가 행한 일을 다 말하여 많은 사마리아 사람들이 예수를 믿었다. 그리고 이틀을 더하면서 복음을 전하여 참 '구주'를 체험하게 했다. 그리고 예수께서 이틀 후 거기를 떠나 갈릴리로 갔다가 가나를 경유하여 가버나움에 갔는데, 왕의 신하의 아들이 병이 들어서 그를 고쳐주었다. 이것이 두 번째 기적이다. 이런 기적을 통하여 예수님은 자기를 계시하셨다.

5장은 베데스다 연못가에서 38년 된 병자를 고치신 기적을 이야기하고 있다. 다시 명절이 되어 예루살렘에 갔다가 환자들이 있는 베데스다 연못가로 갔다. 거기 많은 환자 중에서 38년 된 병자에게 "네가 낫고자 하느냐?" 물으셨다. 그러자 그는 "주여, 물이 동할 때 나를 못에 넣어 줄 사람이 없어 내가 가는 동안에 다른 사람이 먼저 내려가나이다"라고 말했다. 이 말은 도와주는 사람이 필요하다는 것이다. 자립 의지가 약하기도 하고, 나가서는 정말로 도움이 필요함을 간절하게 표현한 것이라고 볼 수 있다. 주님께서 "일어나 네 자리를 들고 걸어가라"라고 말씀하셨다. 스스로 할 수 있다는 것이다. 예수님의 말씀을 듣고 그가 걸었다. 자리를 들고 가게 되었다. 이 정황을 지켜보던 유대인들이 "왜 안식일에 일을 하는가?" 하고 예수님을 핍박했다. 그때 예수님은 말씀하셨다. "아버지께서 죽은 자들을 일으켜 살리심같이 아들도 자기의 원하는 자들을 살리시느라." 그러면서 자기의 정체성을 계시하신다. "내가 진실로 네게 이르노니 내 말을 듣고 또 나 보내신 이를 믿는 자는 영생을 얻었고, 심판에 이르지 아니하나니 사망에서 생명으로 옮겼느니라(5:24)." 이제 예수님은 점차 자신을 통한 영생의 삶을 구체화했다.

6장은 오병이어의 기적과 영적 의미를 나타내고 있다. 디베랴 바닷가에 많은 병인이 모여들었다. 예수님께서 그들을 불쌍히 여기고, 보리떡 5개와 물고기 두 마리로 남자만 5,000명을 먹이시고 열두 바구니를 남겼다. 그랬더니 백성들이 예수님을 억지로 임금 삼으려고 계획했다. 그때 예수님은 그곳을 빨리 피하셔서 제자들만 있을 때 떡의 의미를 설명했다. "너희 조상들은 광야에서 만나를 먹어도 죽었거니와 나는 생명의 떡이니, 내가 주는 떡을 먹는 자는 결코 주리지 아니할 터이요(6:32, 35). 나를 믿는 자는 영원히 목마르지 아니하리라. 살리는 것은 영이니 육은 무익하니라(6:63)."

오늘 묵상의 말씀

요한복음 4, 5, 6장에서 예수님이 특별히 하고자 하는 메시지는 무엇인가?

초막절에 생긴 일

7장은 초막절 참여에 대한 내용이다. 초막절은 광야생활을 기념하여 7월 15로부터 일주일간 초막에서 감사하며 드리는 절기로 3대 절기 중 하나이다. 예수님은 지난 유월절에 주민들이 예수를 억지로 임금 삼으려는 경험이 있었기에 초막절에 올라가지 않거나 조용히 올라가려고 했다. 그러나 형제들은 예수님이 초막절에 참여하려고 준비하지 않은 것 같아 비난했다. 그 이유는 1) 예수님께서 행하는 이적들을 각지에서 몰려든 사람들이 볼 수 있도록 한다면 커다란 명성과 지위를 얻을 것이다. 2) "스스로 나타나기를 구하면서 묻혀서 일하는 사람이 없나니, 이 일을 행하려거든 자신을 세상에 나타내소서." 이 말은 그 형제들이라도 예수님을 그리스도로 믿지 아니했다는 뜻이다. 이것은 형제들이 믿는 메시아가 떡을 먹고 배부른 메시아요, 세속적인 메시아이다. 따라서 고난과 죽음을 통하여 자신의 사역을 수행하는 메시아로 믿을 수 없었다. 그러나 부활하고 승천하신 후에 형제들은 성령을 기다리며 기도하다가 변화되어 그리스도의 사역에 크게 도움이 되었다. 그 말을 듣고 예수님은 우선 "내 때는 이르지 아니하였거니와 너희 때는 늘 준비되어 있느니라"라고 답변하셨다. 그러나 형제들이 초막절을 지키러 올라간 후에 중간 즈음에 조용히 성전에 올라갔다. 그리고 끝 날에 외쳤다. "누구든지 목마르거든 내게로 와서 마시라. 나를 믿는 자는 성경에 이름과 같이 그 배에서 생수의 강이 흘러나오리라. 이는 그를 믿는 자의 받을 성령을 가리켜 말씀하신 것이다(7:37-39)." 이 말씀을 듣는 자들이 더러는 선지자라 하고, 더러는 아니라 하며 여러 모양으로 쟁론을 했다. 예수를 잡고자 하나 잡을 수가 없으니 바리새인들이 아랫사람들을 보냈다. 아랫사람들이 다시 대제사장과 바리새인에게로 오니 그들이 물었다. "어찌하여 잡아 오지 아니하였느냐?" 그러자 아랫사람들이 대답했다. "그 사람이 말하는 것처럼 말한 사람은 이때까지 없었나이다." 그러자 바리새인들이 “너희도 미혹되었느냐?”라고 말했다.

8장은 음행 중에 잡힌 여자를 용서하는 내용과 빛에 대해 자신을 계시하고 있다. 모두 집으로 간 후에 예수님은 감람산에 갔다가 다시 성전에 와서 백성들을 가르쳤다. 그때 바리새인과 서기관들이 간음하다 현장에서 잡힌 한 여자를 끌고 왔다. “모세의 율법에는 이러한 여자를 돌로 치라고 했는데, 선생은 어떻게 말하겠나이까?” 그때 예수님은 “너희 중에 죄 없는 자가 먼저 돌로 치라”라고 말했다. 그러자 양심의 가책을 받고 모두가 떠나갔다. 예수님도 그를 정죄하지 않았다. 그 후에 예수님께서 메시지를 전했다. “나는 세상의 빛이니 나를 따르는 자는 어둠에 다니지 아니하고, 생명의 빛을 얻으리라. 너희는 육체를 따라 판단하나 나는 아무도 판단하지 아니하노라(8:12, 15).” 그 후 예수님은 자신이 죄인을 죄의 속박에서 자유하게 하는 진리이심을 증거하는 동시에(8:34-36) 스스로 아브라함의 후예라고 자처하면서도 하나님의 말씀에 철저히 순종했던 아브라함과 달리 하나님이신 자신의 말을 듣지 아니하는 유대인들의 완악함을 지적하면서 아브라함의 혈통에서 난 사실이 중요한 것이 아니라, 아브라함처럼 하나님 곧 성자이신 자신의 가르침에 순종하는 것이 더 중요하다는 것을 가르치고 있다(8:31-41). 그러나 예수님의 가르침이 깊이를 더할수록 영적으로 눈이 열리지 않았던 유대인들의 무지는 점점 더 예수님에 대한 증오심을 불태운다. 더군다나 예수님의 선재성을 이야기할 때마다 유대인의 분노는 극도에 달한다(8:42-59).

오늘 묵상의 말씀

예수님은 자신을 무엇이라 계시했는가? 유대인들은 왜 예수님 이야기에 화가 났을까?

생명의 빛과 부활의 주인 되신 예수님

9장은 예수님의 여섯 번째 표적인 소경 고치는 이야기를 기록하고 있다.

길 가다가 날 때부터 소경된 자를 만나자 제자들이 물었다. "이 사람이 소경으로 난 것이 뉘 죄로 인함이니이까? 자기니이까? 그 부모니이까?" 이에 대하여 예수님은 "이 사람이나 그 부모의 죄로 인한 것이 아니라, 그에게서 하나님의 일을 나타내고자 하심이라" 명확한 해답을 제시하셨다. 그리고 즉각 땅에 침을 뱉어 진흙으로 이겨 그의 눈에 바르시고 "실로암 못에 가서 씻으라"라고 말씀하셨다. 이에 그가 가서 씻고 고침을 받았다. 그런데 그날이 안식일이었다. 바리새인들이 그것을 보고 시비를 걸고 분쟁했다. 왜 하필 안식일에 병 고치는 일을 했느냐는 것이다. 그래서 그 소경의 부모에게 왜 안식일에 일을 했느냐고 물으니 부모는 "우리는 알지 못하나이다. 그에게 물어보소서"라고 말하면서 대답을 회피했다. 그래서 그 고침 받은 자에게 지적한 그 사실을 확인하고 소경을 공동체에서 쫓아 보냈다. 예수님은 안식일에 병을 고치면 그 당시 지도자들이 싫어하는 것을 알았다. 그런데도 예수님은 그들의 병을 고치시면서 볼 수 있는 자유를 주신 것이다. 우리 예수님은 생명의 빛이시기에 사람들이 생명의 빛으로 나오기를 원하시기 때문이다.

10장은 예수님은 선한 목자로서 자기의 정체성을 드러내고 있다. 9장에서 보면 유대의 영적 지도자들은 영적으로 소경이 되어 백성들을 생명의 길로 인도하기는커녕 도리어 백성들을 해치고 자신의 안위만 구하는 절도나 강도 혹은 삯꾼 목자에 불과하다. 그러나 예수님 자신은 "백성들을 위하여 목숨을 버리기까지 하여 생명의 길로 인도하시는 참 선한 목자"라고 증거했다. 이는 예수님이 십자가 대속을 통한 죽음, 대속의 사건을 말하고 있으나 이해하지 못한 유대 종교지도자들은 귀신들린 자의 소리로 치부하고 듣기를 외면했다.

수전절이 되어서 예수님이 성전 안 솔로몬 행각에 다니시게 되었다. 이때 유대인들이 "우리 마음을 현혹하게 하는 자이니까, 그리스도 여든 밝히 말하십시오"라고 다그쳤다. 이때 예수님은 간단명료한 어조로 "나와 아버지는 하나이니라(10:30)" 간단하게 대답했다. 즉 예수님은 본질에서(일체성)뿐 아니라 능력과 사역에서도 하나님과 동일하시다는 것이다.

11장은 예수님께서 죽은 나사로를 살리신 내용이다. 이 기적은 예수님의 기적 7가지 중 마지막 기적으로 예수님은 사망 권세를 이기는 생명의 주시라는 것을 보여주며, 다가올 자기 죽음과 부활을 시사한다. 예수님은 나사로가 병들었다는 것을 소식을 들었을 때 "이병은 죽을병이 아니라 하나님의 영광을 위함이요, 하나님의 아들이 이로 말미암아 영광을 받게 하려 함이라(11:4)"라고 말씀하셨다. 예수님이 이 세상에 오신 목적을 드러낼 수 있기 기회이다.

예수님이 이 세상에 오신 목적은 1) 죽음을 통하여 죽음의 세력을 잡은 곧 마귀를 멸하시며, 2) 죽기를 무서워하므로 한평생 매여 종노릇하는 모든 자를 놓아주려 하심이다(히2:14-15). 그리고 마르다에게 말했다. "나는 부활이요 생명이니 나를 믿는 자는 죽어도 살겠고, 살아서 나를 믿는 자는 영원히 죽지 아니하리니 이것을 네가 믿느냐(11:25)?" 그리고는 무덤으로 가셨다. 처음에는 무덤을 보고 통분하여 눈물을 흘리셨다. 그리고 돌을 옮겨 놓으라고 말했다. 이미 죽은 지 나흘된 시체를 보고 기도하고는 "나사로야 나오라" 하시자 나사로가 나왔다. 그리고 풀어놓아 자유롭게 다니게 하셨다. 이는 예수님만이 할 수 있는 생명의 주인임을 나타내는 특허권이 있음을 보여주는 사건이다.

오늘 묵상의 말씀

예수님이 이 땅에 오신 목적은 분명히 하여 자기의 정체성을 나타내었다. 그 내용은?

성만찬과 사랑의 계명

12장은 유월절 전 준비과정을 설명한다. 구약에서 유월절은 애굽의 죄악에서 해방된 것을 기념하는 날로서 이제는 예수님이 죄와 저주에서 해방하시기 위한 산재물이 되는 절기를 의미하기도 한다.

이미 11장까지 예수님은 '하나님과 하나시다'라는 사실을 7가지 표적을 통하여 자신의 정체성을 알려 주시었다. 이렇게 완벽하게 자신을 계시하신 메시아이신 예수님은 이스라엘 목자들인 삯꾼 목자가 아닌 참 목자이지만 그 자신이 희생양이 되기 위하여 십자가를 지고 죽고 부활하실 거대한 사역을 시행하러 예루살렘에 들어가는 것이다. 이를 위해 마르다가 예수님을 위해 잔치하고 300데나리온의 향유를 예수님의 발에 붓고 머리로 씻기었다. 그랬더니 그 집에 향이 가득하였다. 이는 예수님이 십자가 지시고 대속사역을 행함으로 온 세상에 생명의 향기 가득하다는 것을 준비하는 행사다. 그리고 이튿날 예수님은 예루살렘에 입성하셨다. 이때 많은 무리가 예수님이 명절에 예루살렘에 오신다는 정보를 접하고 종려나무 가지를 들고 예수님에게 호산나 찬송하여 환영하며 "주의 이름으로 오시는 이, 곧 이스라엘의 왕이시여"라고 찬양했다. 이것은 그들이 스가랴 9장 9절에 기록된바 "시온의 딸아, 두려워 말라. 보라, 너의 왕이 나귀 새끼를 타고 오신다"라는 예언의 말씀을 알고 있었다. 그들은 이미 예수님이 나사로를 살린 기적을 보았기 때문이다. 사람들이 예수님을 찾는다는 이야기를 듣고 "인자가 영광 얻을 때가 왔다. 내가 진실로 너희에게 이르노니 한 알의 밀이 땅에 떨어져 죽지 아니하면 한 알 그대로 있고, 죽으면 많은 열매를 맺느니라"라고 선언했다. 이어서 하나님께 기도했다. "아버지여, 아버지의 이름을 영광스럽게 하옵소서!" 그리고 대중을 향한 마지막 설교로 저들에게 외쳐서 "나를 믿는 자는 나를 믿는 것이 아니요, 나를 보내신 이를 믿는 것이며 나를 보는 자는 나를 보내신 이를 보는 것이니라.

나는 빛으로 세상에 왔나니 무릇 나를 믿는 자로 어두움에 거하지 않게 하려 함이로다"라고 말씀하셨다. 예수님은 그 정해진 시간이 다가옴을 직감했다.

13장에서는 마지막 성만찬을 통하여 제자들에게 사랑과 섬김의 시범을 보여 주셨다. 제자들은 예수님에게 어떤 일이 일어나고 있는지를 모르고 "누가 크냐" 하고 서로 다툼이 있었다. 그런 정황에서 예수님은 그날이 얼마 남지 않은 줄을 아시고 끝까지 사랑하셨다. 그래서 제자들의 발을 씻겨 주셨다. 발은 종이 주인을 씻어 주는 것이다. 이들이 앞으로 교회의 주요한 기둥이 되어 하나님 나라의 초석이 될 것인데, 이들이 교회를 잘 섬겨서 하나님 나라를 이룩하기를 바라며 하나님의 권세를 위탁하면서 신뢰를 보낸다는 뜻이 있다. 그러나 제자들은 무슨 뜻인지 잘 몰랐다. 그래서 우리 예수님은 "네가 지금은 알지 못하나, 이후에는 알리라(13:7)"라고 이야기하며 끝까지 발을 씻기셨다. 그 후에 "내가 잠시 동안 너희와 함께 있지만 잠시 후에는 너희가 나를 찾으나, 나의 가는 곳에 올 수 없으리라" 말씀하셨다. 우리 주님은 지금까지의 모든 전달한 말씀을 한마디로 정리해 주셨다.

"서로 사랑하라. 내가 너희를 사랑한 것 같이 너희도 서로 사랑하라." 이 말씀은 구약(레19:18)의 모든 계명을 성취하는 것이다. 이것은 예수님이 3년 동안 생활을 통하여 모범을 보여 주셨는데, 이를 잘 실천하면 예수님의 제자로서 인정을 받게 된다는 것이다. 예수님의 의도를 전혀 눈치채지 못한 베드로가 "주여, 내가 지금은 어찌하여 따를 수 없나이까? 주를 위하여 내 목숨을 버리겠나이다(13:37)"라고 말했다. 이때 예수님은 "네가 나를 위하여 목숨을 버리겠느냐? 내가 닭 울기 전에 네가 세 번 나를 부인하리라" 말씀하셨다.

오늘 묵상의 말씀

예수님이 인생을 총정리하며 부탁하고 싶은 말씀은 무엇인가?

너희는 마음에 근심하지 말라

14장은 성만찬 강화의 내용을 말하고 있다. 예수님께서 가신다는 이야기를 하자, 제자들은 예수님이 어디로 가는지를 몰라 불안을 느끼고 있었다. 예수님은 친히 제자들에게 승천의 목적과 성도들에게 천국의 처소를 알려주셨다. 그리고 "나는 길이요, 진리요, 생명이니, 나로 말미암지 않고는 하나님께로 갈 자가 없느니라(14:6). 하나님을 믿으니, 나를 믿으라"라고 격려하셨다. "내가 아버지께 구하겠으니 그가 또 다른 보혜사를 너희에게 주사 영원토록 너희와 함께 있게 하리니, 저는 너희와 함께 거하심이요, 또 너희 속에 계시겠음이라. 내가 너희를 고아와 같이 버려두지 아니하고 너희에게로 오리라(14:16-18)." 이렇게 위로하시며 성령에 대하여 좀 더 구체적으로 말씀하셨다.

"보혜사, 곧 아버지께서 내 이름으로 보내실 성령 그가 너희에게 모든 것을 가르치시고, 내가 너희에게 말한 모든 것을 생각나게 하시리라. 평안을 너희에게 끼치노니, 곧 나의 평안을 너희에게 주노라. 내가 너희에게 주는 것은 세상이 주는 것 같지 아니하니라. 너희는 마음에 근심도 말고 두려워하지도 말라(14:26-27). 내가 갔다가 너희에게 온다 하는 말을 너희가 들었나니 나를 사랑하였더면 나의 아버지께로 감을 기뻐하였으리라. 아버지는 나보다 크심이라(14:28)." 이렇게 말씀하시고는 기도하러 겟세마네로 향하여 출발하셨다.

15장에서는 겟세마네 동산으로 가는 중에 포도나무 비유의 말씀을 전해 주셨다.

포도나무는 유대 민족의 삶의 유산이다. 포도나무는 이스라엘 백성을 대표한다. 시편 89장 8절('주께서 한 포도나무를 애굽에서 가져다가 열방을 쫓아내시고 이를 심으셨나이다')과 이사야 5장 1-7절에 보면 하나님의 계획은 아름다운 포도원을 만드는 것이다. 그래서 기름진 땅에 돌을 제거하고, 울타리를 치고 망대를 만들고 극상품 포도나무를 심었다. 그런데 들 포도가 맺혀서, 참으로 하나님의 마음이 아프셨다. 에스겔 15장에 보면 포도나무에 열매가 없다, 포도나무는 기둥으로 사용할 수 없으며 재목으로도 사용할 수 없다, 오직 열매가 필요할 뿐인데 열매가 없으니 안타까울 뿐이었다. 그래서 우리 주님이 결심하셨다.

"나 여호와가 포도원지기가 됨이여. 때때로 물을 주고, 밤낮으로 간수하여 아무든지 상해하지 못하게 하리로다. 그래서 후일에는 야곱의 뿌리가 이스라엘의 움이 돋고 꽃이 필 것이라. 그들의 그 결실로 지면에 채우리로다(사27:1-6)." 이런 구약의 역사를 알고 있기에 감람산으로 가는 중에 포도원 이야기를 하면서 그 약속을 하신 하나님이 "나는 포도나무"라고 선언하신 것이다. 그리고 "너희는 가지"라고 알려주셨다. 그리고 "내 아버지는 농부"라고 말씀하신다. 이는 하나님 나라에서는 유기적인 기능으로 사역하신다는 것이다. 아버지는 농부로서 질려와 형극이 없도록 밤낮으로 물을 주며 관리를 잘하고 리워야단을 불사르고, 포도원의 울타리를 치셔 포도나무를 잘 보호하신다. 그리고 포도나무인 주님은 이 포도나무의 가지들을 하나로 묶어서 공동체에서 떨어져 나가지 않도록 에너지 공급을 골고루 하신다. 그런가 하면 가지는 어떤 비바람이 불어도 가지에서 떨어지지 않도록 붙어있어야 한다. 나뭇가지가 나무에 붙어있지 아니하면 절대로 열매를 맺을 수 없고, 열매가 없으면 포도나무는 다른 목적으로 사용할 수 없기에 불사를 뿐이다. 그러니 가지는 아무리 비바람이 불어도, 핍박이 오고 환란이 와도 가지에 붙어 있어서 열매를 맺어야 할 것이고, 이를 위하여 기도할 때 무엇이든지 원하는 대로 우리 주님은 응답한다는 것이다. 이렇게 하여 열매를 많이 맺으면 하나님 아버지께서 영광을 받으실 것이다.

오늘 묵상의 말씀

겟세마네 동산에 가기 전에, 또한 올라가면서 불안한 제자들에게 무엇을 말씀하셨는가?

성령강림의 약속과 중보기도

16장은 성령의 강림을 약속하셨다. 1절에서 "내가 이것을 너희에게 이름을 너희로 실족하지 않게 하려 함이라" 하신 말씀은 앞 단락의 '세상에서 받을 핍박 예고'에 이어, 예수께서 이 세상을 죄에서 구원하기 위해 죽음까지고 각오해야 한다는 것을 예고하신다. 특히 예수께서 죽으심과 부활과 승천하신다는 미래의 시간표를 알려 주었을 때 당황한 그들에게 '보혜사 성령의 도래'를 약속하신 것이다. 이것은 구약성경에서 "그 후에 내가 내 신을 만민에게 부어 주리니 너희 자녀들이 장래 일을 말할 것이며, 너희 늙은이는 꿈을 꾸며, 너희 젊은이는 이상을 볼 것이며, 그때 내가 또 내 신을 부어 남종과 여종에게 부어 줄 것이라(요엘2:28-29)" 라고 말씀하신다. 그러기에 출교를 당하기도 할 것이며 죽는 경우가 와도 근심하지 말라는 것이다. 그렇게 말해도 마음에 근심이 가득하기에 "내가 실상을 말하노니 내가 떠나가는 것이 너희에게 유익이라. 내가 떠나가지 아니하면 보혜사가 너희에게로 오시지 아니할 것이요. 가면 내가 그를 너희에게로 보내리니(16:7), 지금은 너희가 감당하지 못하리라. 그러나 진리의 성령이 오시면 그가 너희를 모든 진리 가운데로 인도하시리니 그가 스스로 말하지 않고 오직 들은 것을 말하며 장래 일을 너희에게 알리시리라. 그가 내 영광을 나타내리니 내 것을 가지고 너희에게 알리시겠음이라"라고 말씀하셨다.

그러자 제자들이 또 궁금하여 "조금 있으면 나를 보지 못하겠고, 또 조금 있으면 나를 보리라" 하시니 제자들이 서로 "내가 아버지께로 데려감이라 하신 것이 무슨 말씀이냐(16:17)"라고 물었다. 이때 예수님은 예화를 들어서 설명했다. "여자가 해산하게 되면 그때가 이르렀으므로 근심하나 아기를 낳으면 세상에 사람 난 기쁨으로 말미암아 그 고통을 다시 기억하지 아니하느니라. 지금은 너희가 근심하나 내가 다시 너희를 보리니 너희 마음이 기쁠 것이요, 너희 기쁨을 빼앗아

갈 자가 없으리라(16:21-22).” 그러면서 마지막으로 부탁하는 것은 “세상에서 너희는 환난을 당하나 담대하라. 내가 세상을 이기었다”라는 것이다.

17장은 겟세마네 동산에서 기도하신 내용이다. 이 기도는 메시아로서의 기도로 대제사장적이며, 선지자적이고 왕적인 기도이다. 먼저 성부와 성자의 영광을 위하여 기도한다. 이는 태초부터 하나님의 인간 구속을 계획, 진행해 오신 성삼위 하나님의 사역을 이제 성자 예수께서 십자가 수난을 통한 최종성취를 앞두고 그 열정과 사랑을 보여주는 기도이다. 이로써 제자들과 교회를 위하여 중보기도를 하고 있다. 그 내용은 다음과 같다.

피대상자	요청의 핵심내용	요청의 근거	교회구조
그리스도 자신	영화(1-5)	성화, 성취(2, 4, 19)	모퉁이돌(2, 4, 21)
제자(사도)	보전, 하나 됨(10-19), 거룩	아버지의 것, 세상 중에서 내게 주신 사람, 알고 믿고 지킴(3, 6-9)	터-구원과 신앙의 전파(계21-24)
교회 (모든 성도)	그리스도의 영광에의 참여, 하나님과의 교제, 세상에서의 증거와 교회의 확장 (21. 22. 23. 24, 참고 마5:13)	하나 됨으로, 온전함으로 이루어, 주님 안에 있음으로(20-29)	‘건물’-그 결과

참조: 엡 2:20-21.

오늘 묵상의 말씀

십자가 사역을 위해 우리 주님은 성령과 기도로 부탁했다. 그 내용은 무엇인가?

예수님의 십자가 사역

18장은 예수님의 체포와 심문 당하신 대한 사건을 기록하고 있다. 1절에 '이 말씀을 하시고'의 말속에서 예수님은 자기에게 주어진 제사장, 선지자, 왕의 모습을 이루셨다. 즉 선지자로서의 자신이 전할 말씀은 다 전하셨다(17:8, 14), 제사장으로서 가르치고, 기도하고 나서, 자신을 속죄 물로 삼아 온전한 제사를 드린다(대하 17:7-9). 그리고 제사장의 직무를 완성하신 후에 하나님 우편에서 그의 왕적 임무를 수행하고 계시다. 이를 위하여 기드론 시내를 건너가셨다. 여기는 압살롬의 반역으로 다윗이 왕의 자리에서 추방되어 피난하여 건너갔던 곳이다(삼하 15:23-30). 이것은 '그가 길가에 시냇물을 마시리라(시 110:7)'라는 예언의 말씀을 성취한 곳이다. 또한, 기드론 시내는 경건한 왕들의 우상을 파괴하고 불사른 장소(왕하 23:4-6)이며, 사람들이 가증한 것들을 버리는 것이다. 그러므로 예수님이 기드론 시내를 건넌다는 것은 '세상 죄를 지고 가는 하나님의 어린 양'으로 마땅히 감당해야 할 내용인 것이다. 거기에서 그들에게 "너희가 누구를 찾느냐" 묻고, 그들이 나사렛 예수라고 말하니 "내로라"라고 말하면서 당당하게 잡혀 주셨다. 베드로가 충격을 받아서 칼을 빼내어 제사장의 종 말고의 귀를 베었으나, 예수님은 "칼을 집에 꽂으라, 아버지께서 주신 잔을 내가 마시지 아니하겠느냐"라고 말씀하셨다. 베드로는 멀찍이 따라가다가 예수님을 모른다고 부인하기도 했다. 이어 예수님은 군대와 천부장과 유대인의 하속들에게 잡혀 결박당하여 안나스에게 갔다. 그리고 결박된 채로 가야바에게 끌려갔다가 사형의 권한은 빌라도 총독에게 있기에 다시 빌라도 총독 앞에 서게 된다. 총독은 예수님에게 죄를 묻기 위하여 "유대인의 왕이냐"라고 물었다. "네 말과 같이 내가 왕이니라. 내가 이를 위하여 났으며 이를 위하여 세상에 왔나니 곧 진리로 증거하려 함이로라. 무릇 진리에 속한 자는 내 소리를 듣느니라. 내 나라는 이 세상에 속한 것이 아니라 만일 내 나라가 이 세상에 속한 것이었다면 내 종들이 싸워 나로 유대인에게 넘기지 않게 하였으리라. 이제 내 나라는 여기에 속한 것이 아니니라(18:36-37).” 예수님의 대답에서 빌라도는 아무 죄도 찾지 못하였다.

19장에서는 사형선고 받고 십자가에 달리시는 예수님에 대해 기록하고 있다. 빌라도는 예수님을 채찍질 했다. 대제사장과 하속들이 “십자가에 못 박으소서! 십자가에 못 박으소서!”라고 고함지르며 계속 떼를 썼다. 분란이 일어날 것 같아 우유부단한 본디오는 예수를 십자가에 못 박히게 내어 주었다. 그러자 저들이 예수에게 십자가를 지게 하고, 골고다로 십자가를 지고 가게 하여 거기서 십자가에 못 박는다. 그리고 십자가에 ‘유대인의 왕’이라고 히브리어, 헬라어, 로마어로 기록하였다. 그때 그들 곁에 예수님의 모친 마리아가 있는 것을 보시고 “어머니, 보소서. 아들이니이다”, 요한에게는 “보라, 네 어머니다”라고 말하면서 마지막으로 어머니에게 효도하는 모습을 본다. 이어 타는 목마름을 견딜 수 없어서 “목마르다” 하시고 “다 이루었다(19:30)”라고 마지막 육성으로 선포하셨다. 이는 구약에서 하나님을 떠난 자들에게 오는 가난, 질병, 전쟁, 포로(렘29:18)뿐만 아니라 죽음과 저주(신21:23)의 문제를 완벽하게 해결하셨다는 선포문이다. 700년 전에 이사야는 이 사건을 예언하셨다.

‘그가 찔림은 우리의 허물을 인함이요 그가 상함은 우리의 죄악은 인함이라 그가 징계를 받음으로 우리가 평화를 누리고 그가 채찍에 맞음으로 우리가 나음을 입었도다. 우리는 다 양 같아서 그릇 행하여 각기 제 길로 갔거늘 여호와께서 우리 무리의 죄악을 그에게 담당시키셨도다(사53:4-5).’

이 사실을 믿고 나의 모든 죄를 그에게 고하는 자는 다 용서함을 얻고 그 이름으로 구원 얻을 길이 열렸으니 이것이야말로 참 복음이라고 말할 수 있을 것이다.

오늘 묵상의 말씀

예수님의 십자가 사역, 왕으로서 십자가 지러 가는 모습 중 감동된 모습을 말해보자.

부활과 선한 목자 사역의 위임

20장은 성경대로 우리 죄를 위하여 죽으시고, 장사 지낸 바 되었던 그리스도는 성경대로 사흘 만에 다시 살아나시어 그는 '하나님이요, 왕이시오, 구세주'라는 것을 증명하고 있다.

마리아는 막달라 마리아와 함께 안식 후 첫날 새벽, 아직 어두울 때 무덤에 왔다. 돌이 무덤에서 옮겨져 있었다. 이들은 베드로와 요한에게 달려가서 무덤이 열려 있다고 보고했다. 그랬더니 두 제자가 달려와서 보고 그냥 갔다. 그 후 마리아는 무덤밖에 서서 울고 있는데 두 천사가 나타나서 "어찌하여 우느냐, 여자여 어찌하여 울며 누구를 찾느냐?"라고 말하며 만나주었다. "나를 만지지 말라. 내가 아직 아버지께로 올라가지 못하였노라. 너는 내 형제들에게 가서 이르되 내가 내 아버지 곧 너희 아버지, 내 하나님 곧 너희 하나님께로 올라간 다 하라"라고 확실하게 말씀하시면서 만나 주셨다. 그러자 막달라 마리아는 또 제자들에게 뛰어가서 "내가 주를 보았다. 그리고 주께서 이렇게 말씀하셨다(20:18)"라고 말했다. 그 날 저녁 열 제자가 문을 닫고 한 방에 있을 때 "너희에게 평강이 있을찌어다"라고 말씀하시면서 손과 옆구리를 보이셨다. 제자들이 예수님을 보고 기뻐했다. 이때 예수님은 "너희에게 평강이 있을찌어다, 아버지께서 나를 보내신 것 같이 나도 너희를 보내노라. 성령을 받으라", "너희가 뉘 죄든지 사하면 사하여질 것이요. 뉘 죄든지 그대로 두면 그대로 있으리라(20:23)"라고 말씀하셨다. 제자들이 나중에 복음 전도자로서 목숨을 버리면서까지 부활의 그리스도를 증언할 수 있었던 것은 이때 예수님께서 부여하신 위로와 격려로 인한 마음의 평강과 예수의 명령에 대한 충성심 때문이다.

그리고 여드레 후에 또 한 번 나타나셨는데, 이번에는 도마가 있었다. 그는 이성적이요, 경험적인 사건을 중요시하기에 예수님의 부활 사건을 말해도 이해하지 못했다. 그런 그가 너무 중요하기에 그를 만나기 위해 예수님이 찾아온 것이다. 예수님을 만난 도마는 거침없이 "나의 주이시며 나의 하나님이시니이다"라고 고백한다. 이때 예수님이 더하시는 말씀은 "너는 나를 본고로 믿느냐, 보지 못하고 믿는 자들은 복되도다(20:29)"라고 진정한 축복의 자세를 알게 해주었다.

21장에서는 그 후에 예수님께서 디베랴 바닷가에 나타나신 일을 기록하고 있다. 특별히 베드로에게 관심이 많다. 그는 세 번이나 예수님을 모른다고 부인했다(18:15-27). 예수님이 십자가를 지러 가는 현장에서도 멀찍이 따라갔다. 그런가 하면 안식 후 첫날 새벽 막달라 마리아가 무덤에 갔을 때, 무덤을 발견하지 못하고 베드로에게 말하자 베드로가 무덤에 갔다가 시체가 없는 것을 알고도 끝까지 찾지 못하고 그냥 집으로 돌아갔다. 그런 그가 부활하신 예수님으로부터 사명을 받았지만, 오히려 고기를 잡으러 갔다. 그것도 혼자 간 것이 아니라 6명의 제자와 함께 갔다. 거기서 한 마리의 고기도 잡지 못했다. 열정이 없고 의욕이 없는 상태인 것을 고기도 아는 것 같다. 이때 예수님이 아시고 찾아오셔서 고기를 보내 주시고 153마리를 잡게 하셨다. 그때 베드로가 가슴이 뜨거워서 "주시다" 하는 요한의 음성을 듣고 바다에 뛰어들었다. 그리고 육지에 나와 예수님을 만나 뵈었다. 예수님은 조반을 따스하게 준비하고 있었다. 그리고 밤새도록 고기잡이하며 허기진 그들은 아침을 맛있게 먹었다. 차가운 마음을 따스한 고기와 떡으로 채우며 주님의 사랑을 생각하는 체험하는 시간이다. 시간이 잠깐 지났다. 예수님은 그들에게 물었다. "요한의 아들 시몬아, 네가 이 사람들보다 나를 더 사랑하느냐?" 3번 물었다. 이때 베드로는 "예! 그러하외다"라고 말했다. 이때 예수님은 그에게 사명을 부여하셨다. "내 어린 양을 먹이라!" 예수님은 선한 목자이다. 그 임무를 사랑하는 제자 베드로에게 모든 것을 믿고 맡기신다. 이로써 삼 년의 사역을 완성하신다.

오늘 묵상의 말씀

예수님은 왕의 사역을 이루시고 그 목자의 사역을 제자에게 위임했다. 느낀 점은?

초대 교회 탄생과 성령의 역사

1장은 교회가 발생하는 기반을 기록하고 있다. 먼저 사도행전을 기록한 저자는 교회의 머리가 바로 예수 그리스도이므로, 예수님에 대해서는 먼저 누가복음에 자세히 기록했다고 말한다. 예수님은 구약의 인간의 실존 문제인 가난, 질병, 전쟁, 포로(렘29;18)의 해결과 영적 문제인 저주, 죄(신21;23)를 해결하려고 이 땅에 오시어 3년 동안 우리 삶의 현장에서 실천으로 완성하셨다. 누가복음에서는 예수의 성육신(incarnation)인 탄생, 사역, 십자가 지심, 죽음, 부활 승천까지와 이를 보고 배우고 체험하고 훈련받은 사람들, 즉 사도들의 이야기를 기록하였다. 그 뒤를 이어 사도행전에서는 그 사건에 참여하여 보고 배우고 훈련받은 사도들이 고백(사도신경)으로 모여 교회를 이루고 주의 부탁하심을 증거하며, 이 사역을 확장하여 주님 오실 때(재림)까지 지속하도록 사도들의 행적을 기록한 책이다.

이 사역에 참여하려면 먼저 예수님이 부탁하신 대로 성령의 임재를 기다려야 한다. 주님의 사역을 이제 성령으로 주의 인도하심을 받을 사람을 통하여 이루어 나갈 것이기 때문이다.

사도들은 그 말씀을 붙잡고 안식일 거리에 있는 마가 다락방에 모여서 전혀 기도에 힘썼다. 그리고 사도의 숫자를 보충하므로 구약의 12지파의 짝으로 12제자의 진용을 갖추고, 언약 백성(출19:5-6)으로서의 하나님나라 시작을 준비한 것이다.

2장에서 교회의 기준은 성경이다. 이스라엘이 하나님과 계약 공동체를 이룬 것은 시내 산에서 모세가 하나님께 받은 십계명에서 출발한다. 그 십계명을 받은 날이 유월절 이후 50일째 되는 날, 오순절이다. 그들은 하나님께 받은 그 말씀의 원조를 기억하면서 말씀의 근본으로 돌아가기 위해 예루살렘에 모이도록 규정된 대로 모두 모였다. 언어는 다르고 사는 곳은 다르지만 이제 예루살렘에 모여서 처음 받은 그 말씀을 기억하면서 주님을 사모하는 사람들이 모였다. 원초적인 말씀을 받으려고 간절히 사모하는 사람들이 모일 때 방 안에는 주님이 약속하신 성령님이 각 사람 위에 임했다.

이때 베드로가 성령이 충만하여 예수님에게 배운 말씀을 예수의 관점에서 설교했다. 이것은 모세가 언약공동체를 이룰 때 지도자의 역할을 감당했듯이 베드로가 그 역할을 감당했다. 베드로가 설교하는데, 11명의 제자가 옆에서 지지해준다. 그 메시지의 내용은 1) 요엘 2장 28-32절의 말씀을 인용하여 말세에 모든 사람에게 성령을 부어주어, 누구든지 주의 이름을 부르는 자에게 구원을 주신다는 사실이다. 이것은 하나님의 깊은 마음을 잘 파악한 내용이다. 하나님께서 처음에는 레위를 통하여 말씀을 심부름했다. 지금은 누구에게든지 성령을 부어 이 사역을 위임하셨다. 그리고 이 메시지를 다윗을 통하여 '음부에 버림이 되지 않고 썩음을 당하지 않게 하실 것(2:27)'이라고 말씀하신 그분이 바로 예수님이시라는 것이다. 그분이 십자가에 못 박혀서 우리의 구주가 되셨다는 것이다. 이 메시지를 받고 세례 받고 제자가 된 사람이 3,000명이 더했다. 놀라운 사실은 시내 산에서 말씀(십계명)을 받았을 때는 백성들이 깨닫지 못하고 우상을 섬기다가 3,000명이 죽었다. 그러나 초대교회 때는 3,000명의 제자가 탄생한 것이다.

3장에는 이 언약을 깨달은 베드로와 요한이 기도하러 가다가 삶의 현장에서 한 번도 걸어보지 못한 자가 예수의 이름을 전했더니 걷고 뛰고 찬양하는 건강한 사람으로 바뀌는 사건이 벌어졌다.

"예수 이름으로 일어나 걸으라(3:6)" 하였더니 그가 일어서서 걷기도 하고 뛰기도 하면서 성전에 들어가 하나님을 찬양했다. 그리고 베드로는 증언했다. "예수로 말미암아 난 믿음이 너희 모든 사람 앞에서 이같이 완전히 낫게 하였느니라."

오늘 묵상의 말씀

초대교회가 발생하는 과정에서 일어난 성령의 역사를 느끼며 말해보자.

말씀의 확산과 집사의 선택

4장은 복음이 확산되는 초기 과정을 설명하고 있다. 원래 예수의 메시아 사역에 반기를 들었던 유대 지도자들은 제자들의 숫자가 3,000명이 더해지는 세력이 되고, 앉은뱅이가 걷고, 이를 듣고 믿는 사람들이(남자의 수만) 5,000이나 더해 갈 때, 위협을 느껴서 제자들을 붙잡아서 감옥에 가두고 대제사장과 관원 앞에 세웠다. 그리고 무슨 권세로 이런 일을 하느냐고 심문했다. 베드로는 성령이 충만하여 유대 지도자들 앞에서 "너희가 십자가에 못 박고 하나님이 죽은 자 가운데서 살리신 나사렛 예수 그리스도의 이름으로 이 사람이 건강하게 되어 너희 앞에 섰느니라. 다른 이로서는 구원을 얻을 만한 이름을 우리에게 주신 일이 없음이니라(4:10-11)"라고 말했다. 그러자 그 당당함에 놀라고 또 옆에 병들었다가 치료받은 자가 거기에 함께 있기에 할 말이 없었다. 그래서 그냥 "예수 이름만 가르치지도 말고 말하지도 말라"라고만 말했다. 베드로는 이 말을 받아 "우리는 보고 들은 것을 말하지 아니할 수 없다"라고 당당히 대답했다. 그러자 지도자들은 어떻게 할 수 없어 그들을 놓아주었고, 사람들이 하나님께 영광을 돌렸다. 제자들이 동료들에게 와서 간증하고 기도했다. "하나님의 권능대로 예정하신 그것을 이루려고 이 성에 모였나이다. 주여, 이제도 저희의 위협함을 하감하옵시고, 종들로 하여금 담대히 하나님의 말씀을 전하게 하여 주옵시며, 손을 내밀어 병을 낫게 하옵시고, 권능과 기사가 거룩한 종 예수의 이름으로 이루어지게 하옵소서(4:28-30)"라고 기도했다. 그랬더니 서로가 한 마음과 한 뜻이 되어 서로의 필요를 따라 나눠주며 생활했다.

5장은 아나니아와 삽비라의 성령 기만 사건과 교회 박해 사건을 기록하고 있다. 성령의 감동으로 교회가 화목하고 하나 되는 교회로 성장하는 중에 헌금을 자발적으로 드리면서 서로의 필요를 따라 나누어 주면서 교회공동체가 아름답게 이루어지고 있었다. 그런데 아나니아와 삽비라가 성령을 속이고 자원하는 마음으로 헌금을 드린 것이 아니라 얼마를 감추어 넣고 어지럽게 했으니, 그들의 목숨을 데려갔다. 이 일을 사도인 베드로가 차분하게 잘 처리하자, 믿는 사람들이 많아지면서 베드로가 지날 때 '그림자만이라고 뉘게 덮일까?' 하고 놀랐다. 그래서 예루살렘에 허다한 사람이 와서 더러운 귀신에게서 낫게 되었다. 이때 대제사장과 다른 지도자들이 시기가 가득하여 사도들을 잡아서 감옥에 가두었다.

그런데 주의 사자가 밤중에 옥문을 열어 사도들을 성전으로 데리고 가서 생명의 말씀을 담대히 전하게 했다. 늦게야 그것을 깨달은 관속들이 다시 데려다가 신문했다. 이때 베드로는 "너희가 나무에 달아 죽인 예수를 우리 조상의 하나님이 살리셨다. 임금과 우리의 구주로 삼았다"라고 담대히 전했다. 사도들은 예수의 이름으로 능욕 받는 것을 기뻐하면서, 날마다 성전에 있든지 집에 있든지 가르치기와 전도하기를 쉬지 아니했다.

6장에서는 제자의 수가 많아지면서 사도들이 말씀과 기도에 전념하기 위해 교회 사역에 참여할 일곱 집사를 선정하는 내용을 기록하고 있다. 집사의 요건으로는 1) 성령과 지혜가 충만한 사람 2) 칭찬 듣는 사람을 선택하여 사도들이 말씀과 기도에 전무하게 했다. 그래서 기도하고 일곱 명을 선택하여 안수하니 하나님의 말씀이 점점 왕성하면서 제자의 수가 심히 많아지고 허다한 제사장의 무리도 이 말씀에 복종했다. 이때 여러 지방에서 온 사람들에게 스데반 집사가 말씀을 변론하게 되었는데, 지도자들이 거짓증인으로 세워서 스데반을 공회 앞에 세웠는데 그때 스데반의 얼굴이 천사의 얼굴과 같았다.

오늘 묵상의 말씀

집사들을 세운 배경과 집사의 조건을 말해보자.

스데반의 설교와 선교의 문 넓히기

7장은 스데반 집사의 설교내용이다. 스데반은 예수가 그리스도라고 전파하다가 공의회에 잡혀 와서 변명하게 된다. 그때 그가 강조하고 싶은 내용은 이스라엘 역사에 기초를 두고 지금까지 선조들의 신앙생활을 볼 때, 아브라함의 후손이라는 지위, 모세의 율법, 성전의 소유 등에만 집착하는 유대교적 오류에 빠진 자들에게 예수의 관점에서 재해석하여 설교하고 있다. 그 첫 번째 본문은 아브라함이 소명에서 출애굽 직전까지의 이스라엘 역사를 요약하여 이스라엘 민족 자체가 우월해서가 아니라 하나님의 특별한 은혜로 선민이 되었다는 것이다. 특히 그들은 모세가 이스라엘의 해방자로 부름 받은 것을 묘사한 것은 그를 지나치게 숭앙하는 유대인들의 태도를 간접적으로 힐책하고 있다. 그래서 유대 지도자들이 형식적인 율법 지식 때문에 영적인 눈이 멀어서 예수 그리스도의 죽음과 부활의 비밀을 깨닫지 못하여 하나님의 뜻을 거슬렀다는 것이다. 그러자 공회원들은 스데반의 설교를 들으면서 이를 갈았고, 그를 신정 모독자로 인정하고 돌로 쳐 죽였다. 첫 순교자가 탄생하는 순간이다. 이때 사울이라는 청년이 유심히 지켜보았다.

8장은 초대교회의 복음이 확산하는 내용을 기록하고 있다. 스데반의 설교로 인하여 교회는 큰 박해를 당하여 흩어지게 되었다. 사도를 제외한 모든 성도가 이방인이 거주하는 지역으로 흩어지게 되는데 이를 통하여 이방지역에 복음의 심어지는 터전이 되었다. 이때 유대인에게 멸시의 대상이었던 사마리아인에게도 복음이 전파되고 마술사 시몬의 회심하는 역사가 일어나며, 에디오피아 내시의 개종으로 인하여 복음이 다른 민족에게 확장되어가는 과정을 보여주고 있다.

9장은 사울의 회심을 기록하고 있다. 사울은 맹렬하게 예수가 살아나셨다는 것을 반대하는 열심분자였다. 그러던 그가 위협과 살기가 등등하여 공회의 특권으로 그리스도인을 잡으러 이방지역인 다메섹으로 가고 있었다. 주님은 그 현장에 직접 찾아가서 자기를 현현하였다.

"나는 네가 핍박하는 예수다."

사울은 충격을 받고 쓰러졌다. 죽은 줄 알았던 예수가 생생하게 말씀하신다. 정신을 차릴 수가 없었다. 일어나 눈을 떴지만, 아무것도 보지 못했다.

"네가 일어나 성으로 들어가라, 행할 것을 네게 이를 자가 있느니라."

사울은 사람의 손에 이끌리어 다메섹으로 들어갔다. 이 사건으로 충격을 받은 그는 사흘 동안 식음을 전폐하고 자신의 행적을 돌아보았다. 분명한 것은 예수의 관점에서 보면 자기의 지난 삶은 잘못된 삶이다. 새로운 인생을 살아야 한다. 그러면 어떻게 살 것인가? "주여, 내가 무엇을 하리이까(행22:10)?" 이런 고민을 하고 있을 때 아나니아의 방문을 받고 사명을 깨달았다.

"너는 이방인과 임금들과 이스라엘 자손 앞에서 복음을 전하기 위해 택한 나의 그릇이다(행9:15)."

그는 아나니아의 방문으로 눈을 뜨고 다시 보게 되면서 성령 충만하여 세례를 받고 즉시 "예수가 그리스도"라고 증거했다. 듣는 사람이 다 놀라며 "이 사람이 예수 이름 부르는 자들을 잔해하던 자가 아니냐"라고 하며 수군거렸다. 사울은 더 힘을 얻어 예수를 그리스도라고 증명하니 다메섹에 있는 유대인들이 수긍했다. 그때 바나바의 중재로 바울은 예루살렘의 성도들과 유대로 가지게 되었다. 그 후 다소로 옮겨 가서 복음을 전하게 되었고, 이는 결국 예루살렘은 예루살렘대로, 이방지역은 이방지역대로 복음의 씨가 뿌려지는 계기가 되었다. 그렇게 되면서 유대와 갈릴리와 사마리아 교회가 든든히 서가고 주를 경외함이 성령의 위로로 진행되어 수가 더 많아지게 되었다.

오늘 묵상의 말씀

복음이 이방지역으로 전파되면서 어떤 성령의 역사가 일어났을까?

이방으로 전도할 준비를 하는 교회

10장은 고넬료와 베드로의 만남을 통하여 이방의 문이 열리는 것을 기록하고 있다. 지금까지는 예루살렘과 이방인 지역에 흩어져 살던 유대인들과 기독교를 개종한 헬라인에게만 복음이 전해졌는데, 10장부터는 본격적으로 이방인에게 복음 전도의 문이 열린 것이다. 이는 출애굽기 9장 15-16절의 언약 성취요, 이를 통한 베드로전서 2장 9절 말씀대로 초대 교회 성도들이 느끼기 시작했다. 이를 위해 먼저 이방인 고넬료가 등장한다. 이는 기록된 하나님의 말씀이 교회시대에 오면서 환상을 통하여 열어가는 것으로 사역자들에게 고정관념에서 탈출하여 하나님의 음성에 순종하는 순간이기도 하다. 하나님은 고넬료에게 환상을 보여 주시고, 베드로에게도 환상을 보여 주면서 서로 만날 방법을 알려주셨다. 이를 통하여 베드로에게 "각 나라 중에 하나님을 경외하며 의를 행하는 사람은 하나님이 받으시는 줄 깨달았도다(10:35)"라는 은혜를 주셨고, "하나님이 나사렛 예수에게 성령과 능력을 기름 붓듯 하셨으매 저가 두루 다니시며 착한 일을 행하시고 마귀에게 눌린 모든 자를 고치셨으니 이는 하나님이 함께 하셨음이라(10:38)"라는 메시지를 얻게 하셨다. 이방인에게 성령 강림으로 세례를 주면서 제사장 나라요, 왕 같은 족속의 사역을 잘 감당할 길을 성령께서 열어 가시는 것을 깨닫게 되었다.

11장은 그 사실을 베드로가 증언하며 안디옥 교회가 탄생하는 것을 기록하고 있다. 유대에 사는 사도들과 형제들이 고넬료와 고넬료의 가족과 친구들에게 하나님의 말씀을 증거한 사실을 전해 듣고, 무할례자의 집에 들어가 음식을 함께 먹었다는 구실로 베드로를 비난한다. 이와 같은 비난에 대해 베드로는 사건의 경위를 자세하게 설명한 후에 "그런즉 하나님이 우리가 주 예수그리스도를 믿을 때 주신 것과 같은 선물을 저희에게도 주셨으니 내가 누구이기에 하나님을 능히 막겠느냐"라고 반문했다. 그리하여 모든 자가 베드로의 말을 듣고 하나님께 영광을 돌리며 "하나님께서는 이방인에게도 생명 얻는 회개를 주셨도다"라고 깨닫게 한다. 이렇게 하여 예루살렘 교회가 성령에 대한 이해와 이방인의 전도에 대한 수용의 준비를 하게 하시고, 하나님은 안디옥에 이방인에게 복음을 전하기 위해 교회를 세우신다. 안디옥 교회는 스데반의 일로 인하여 흩어진 자들이 처음에는 유대인에게만 복음을 전하다가 헬라인에게도 복음을 전하여 큰 결실을 얻게 되었다. 그렇게 하여 안디옥 교회가 이방 선교의 중심지로 세워지게 된다. 이때 안디옥 교회에 믿는 수가 많아지자, 바나바가 다소에 가서 사울을 찾아 안디옥에 와서 말씀을 가르치면서 비로소 그리스도인의 정체성이 싹이 나기 시작했다. 이때 글라우디오 황제 때 팔레스틴에 약 4년간 흉년이 계속되었는데, 안디옥 교회가 예루살렘 교회에 부조를 보냄으로 서로의 형제우애를 지켰다.

12장은 헤롯의 박해와 사망에 대해 기록하고 있다. 그 당시 유대인을 통치하던 헤롯 왕이 사도 요한의 형제 야고보를 칼로 죽였다. 그러자 유대인들이 기뻐하는 것을 보고 베드로를 죽이려고 옥에 잡아넣었다. 그러나 교회는 이를 위하여 간절히 기도하였다. 전도자는 위기에 강하다. 교회는 간절히 기도하는데, 베드로가 감옥에 갇혀 있던 곳에 홀연히 주의 사자가 나타나 감옥에서 석방했다. 교회에 가서 복음을 전하게 하고 형제들에게 감옥에 있었던 일을 말하고, 다른 곳으로 가버렸다.

그러던 중에 헤롯은 두로와 시돈으로 갔다가 교만하여 주의 사자가 그를 쳐서 충이 먹어 죽게 했다. 한편 예루살렘 교회에 부조를 갔다가 바나바와 사울이 마가를 데리고 안디옥 교회로 돌아왔다.

오늘 묵상의 말씀

복음이 출애굽기 9장 15-16절을 이루기 위하여 성령을 통하여 이방으로 나가는 모습을 이야기해보자.

제1차 전도여행

13장은 제1차 전도여행에 대해 기록하고 있다. 지금까지 모교회인 예루살렘 중심, 베드로 중심으로 교회 이야기를 전개했다면 13장에서부터는 세계선교전지기인 안디옥 중심이요, 바울 중심으로 이야기를 전개하고 있다. 먼저 13-15장까지는 1차 전도여행에 대한 내용이다. 이를 위해 우선 금식하여 선지자들과 교사 중에서 바나바와 사울을 따로 임명하여 선교에 앞장서게 한다. 이들이 성령의 보내심을 따라 실루기아를 경유하여 구브로에 있는 살라미에서 하나님의 말씀을 전했다. 이어 바보에 이르러 '바예수'라는 거짓 선지자의 훼계를 물리치고 총독을 예수 믿게 함으로 믿음의 교두보를 만들어 나갔다. 이어 배를 타고 버가에 왔는데, 마가와 요한은 예루살렘으로 돌아갔고 비시디아 안디옥에서 회당에서 성경을 읽으면 명쾌하게 말씀을 전했다. "이스라엘 백성의 하나님이 우리 조상을 택하시고, 복음을 계속 전해 내려오다가 하나님의 말씀을 늘 암송하지만, 그 말씀의 주인공인 예수님이 이 땅에 왔을 때 예수님을 정죄하여 십자가에 죽게 했는데, 하나님이 죽은 자 가운데서 그를 살리셨다. 이 사람을 통하여 믿는 자마다 죄에서 자유하고 의롭다 하심을 얻는 이것이라"라고 명쾌하게 복음을 전했다. 그리하여 많은 사람이 주께로 돌아오나, 어떤 유대인들은 시기가 가득하여 경건한 귀부인과 그 성내 유력한 자들을 선동하여 바울과 바나바를 핍박하여 그 지경에서 쫓아냈다. 그런데도 말씀이 그 지방에 두루 퍼져서 영생을 얻기로 작정한 사람은 다 믿게 되었다. 이를 보고 제자들은 기쁨과 성령의 충만함으로 이고니온으로 갔다.

14장은 이고니온, 루스드라, 더베에서 전도하는 모습을 기록하고 있다. 이고니온에서는 복음을 전해서 많은 유대인과 헬라인 신자를 얻는가 하면, 핍박을 받고 돌에 맞을 뻔한 지경에서 도망쳐 나온다. 루스드라에서는 나면서 앉은뱅이 된 자를 고쳐준다. 그래서 졸지에 신으로 떠받들어지지만, 그때 자신을 낮춰 복음 전도의 기회로 삼는다. 그곳에서 비시디아 안디옥과 이고니온을 경과 하며 복음을 전하는 중 악감을 품고 찾아온 유대인들이 사람들을 선동하여 바울을 돌로 치고는 죽은 줄로 알고 성 밖으로 끌어다 버렸다. 그러나 바울은 박해에 굴하지 않고 돌에 맞는 것은 아프고 괴로우나, 또 깨어나 더베로 가서 복음을 전하고 많은 제자로 삼고 다시 루스드라와 이고니온, 비시디아 안디옥을 경유하여 안디옥으로 돌아와서 1차 전도여행을 마친다.

15장은 예루살렘의 1차 총회 내용을 기록하고 있다. 바울과 바나바의 전도여행의 난관은 할례 문제이다. 어떤 유대인들이 모세의 법을 따라 할례를 받아야 한다고 주장한다. 이것은 복음을 전하는데 명확해야 할 내용이다. 유대인은 모세 오경을 통한 613가지 조항을 지켜야 할 규례가 있다. 그러나 예수님이 십자가에 못 박히신 후에 오직 예수 믿음으로 구원받는 역사가 복음 전도의 진수라고 깨달은 사도바울은 여기에 대해 선을 명확하게 그어야 하겠기에 예루살렘에 보고하여 이 문제를 정리하고 싶었다. 이에 베드로가 보고를 받고 "우리도 능히 메지 못하던 멍에를 제자들의 목에 두려느냐?"라고 의견을 제시하자 야고보가 듣고 아모스 9장 11절의 성취로 다윗의 무너진 장막이 회복되는 것이 바로 이방인이 돌아오는 길이라고 찬성했다. 그리하여 우상의 더러운 것과 음행한 것, 목매어 죽인 것, 그리고 피를 제외하고는 다 허용하기로 결의를 했다. 이에 그 사실을 바나바와 바울을 안디옥 교회에 보내어 통고했다. 이런 관점에서 복음의 핵심가치에 대하여 갈라디아에 편지를 썼다. 이를 보완하게 위하여 예루살렘 총회를 주재했던 야고보가 편지를 쓴 내용이 야고보서이다.

이후 바울은 마가의 문제로 바나바와 갈라서서 제2차 전도여행을 출발했다.

오늘 묵상의 말씀

제1차 전도여행과 그 결과로 예루살렘 총회에서 얻은 결과는 무엇인가?

제2차 전도여행, 복음의 확장

16장은 제2차 전도여행의 시작이다. 물론 15장 36절부터 시작한다. 1차 전도여행 때는 안디옥-실루기아-살라미-바보-버가-비시디아의 안디옥-이고니온-루스드라-더베-이고니온 비시디아의 안디옥-버가-앗달리아-안디옥으로 여행했다. 이때 이고니온과 루스드라를 다닐 때는 돌에 맞아 죽을 뻔했다. 그러나 그런 중에 제자의 가능성이 출중한 디모데를 발견했다. 그리고 중요한 것은 할례를 비롯한 종교의 율례를 간소화하여 오직 복음만 전할 수 있도록 예루살렘 총회 결과로 이제는 좀 더 집중적으로 복음을 전하게 되었다.

2차 전도여행은 디모데가 있는 루스드라-더베로 향한다. 감사한 것은 그가 복음을 받고 기꺼이 바울과 동행한다. 또한, 거기 교회를 세워서 여러 교회가 믿음이 굳건하게 되었다. 이어서 아시아로 복음을 전하러 가는데, 성령이 아시아에 복음을 전하지 못하게 했고, 부르기아 갈라디아 땅으로 가서 무시아 앞에 와서 비두니아로 가려는 중에 밤에 기도하는 중에 "마게도냐로 와서 우리를 도우라"는 간절하게 그곳 사람이 부르는 것을 보고 드로아에서 네압볼리로 가서 빌립보 성에서 기도처를 찾게 되었다. 거기에서 루디아를 말씀을 청종하게 하고 그 집이 구원을 얻게 된다. 이어서 기도하는 곳에 가다가 점하는 귀신들린 자를 보고 귀신을 쫓아냈다가 감옥에 가게 된다. 감옥에서 매를 맞고 고통을 당함에도 불구하고, 그들은 그리스도의 구원의 감격하여 기도하고 찬송했다. 밤중에 옥문이 열렸다. 이때 간수가 놀라서 자결하려는 것을 중지하고 복음을 전하여 그와 그의 온 집이 구원 얻어 빌립보에 교회를 세우게 된다. 이것이 유럽의 첫 교회 개척이다.

17장은 빌립보를 떠나 데살로니가에 갔다. 거기에서 세 안식일 동안 성경을 강론했다. 그곳에는 경건한 헬라인이 많았고, 귀부인들이 많이 복음을 받아들였다. 이곳은 군사 도시이며 에로틱한 성적 문화가 확산되어 있는 곳이었는데, 그들에게 무한한 사랑으로 우리 죄를 위하여 죽으시고 산 소망을 주신 예수님의 아가페 사랑을 전해줄 때 그동안 에로틱한 사랑으로는 체험하지 못하는 영적 안위함을 얻었다. 그리하여 데살로니가 교회가 세워지고 예수가 그리스도이심을 힘있게 전할 수 있었다. 그러나 시기하는 유대인들이 시장바닥의 괴악한 자들을 동원하여 그를 끌어내려 하여 소동을 일으켰다. 그들 전도 일행은 보석금을 주고 거기에서 벗어났다. 그리고 베뢰아로 갔는데, 거기 사람들은 신실하게 말씀을 받아 들었으나, 데살로니가의 유대인이 그곳까지 와서 반대하여 실라와 디모데를 거기 있게 하고 바울은 홀로 아덴에 가서 복음을 전한다.

18장은 아덴을 떠나 고린도에서 복음을 전한 내용을 기록하고 있다. 고린도에서 아덴은 서남쪽 80km에 위치한 교통과 상업, 정치의 중심지로 종교적으로는 타락한 곳이다. 거기에서 아굴라를 만났고, 업이 같은 브리스길라 부부를 만났다. 안식일마다 바울이 회당에서 유대인과 헬라인에게 복음은 전했다. 그리고 바울이 홀로 아덴으로 갔고 디모데는 데살로니가에, 실라는 빌립보로 보내었으나, 고린도에서 다시 합류하게 되었다. 그래서 하나님의 말씀에 붙잡혀 힘 있게 전하게 되었다. 거기서 1년 6개월 있으면서 데살로니가 전, 후서를 써서 데살로니가 교회에 예수님에 대한 재림과 소망의 메시지를 전한다. 그때 갈리오 총독에게 유대인들이 일제히 대적하며 재판에 고발했다. 그러나 갈리오 총독은 이 일이 법적으로 죄를 지은 것이 아니라고 하며 재판을 거절했다. 이를 보면 하나님이 갈리오 총독처럼 암묵적으로 그리스도 복음을 전하는 것을 인정하는 사람들이 있어서 복음 전도의 촉매 역할을 했다. 그 후 바울은 그곳을 떠나 겐그레아를 통하여 에베소에 갔고, 이어서 안디옥에 도착하여 2차 전도여행을 끝냈다(18:1-22)

3차 전도여행의 시작은 안디옥을 떠나 갈리디아와 부르기아 땅을 다녀서 제자들을 굳게 하고 에베소에 도착했다. 에베소에는 성경에 능한 알렉산드리아 출신 아볼로가 있어서, 브리스길라 부부와 함께 담대하게 복음을 전하게 되었다.

오늘 묵상의 말씀

사도바울이 복음을 전할 때, 어떤 동역 자들이 있었는가? 그들의 역할은?

3차전도 여행, 세계 복음화의 씨앗

19장은 바울이 에베소에서 사역하는 내용을 기록하고 있다. 에베소 지역은 워낙 악령이 강하므로 성령의 임재가 특별히 중요했다. "너희가 믿을 때 성령을 받았느냐?" 성령을 알게 하신다. 예수님을 제일 잘 알도록 보혜사의 역할을 하시는 분이 성령이다. 그러므로 성령의 임재와 성령 사역을 통하여 복음을 확실하게 이해할 수 있다. 그래서 안수함으로 방언도 하고 예언도 하게 되었다. 이를 이름 하여 '에베소의 오순절'이라 말하기도 한다. 거기에서 3개월 동안 회당에서 복음을 강론하다가 두란노 서원에 장소를 정하여 거기서 날마다 강론하게 되었다.

거기에서 두 해를 지나는 중에 고린도전서를 기록했다. 이렇게 하여 희한한 능력을 나타냈다. 그러자 유대인이나 헬라인이 두려워 주 예수의 이름을 높이고 자복하면서 하나님께로 돌아왔다. 또한, 마술을 행하던 많은 사람이 마술책을 모아 가지고 와서 다 불사르니 그 책값을 계산한즉 은 오만이 되었다. 이리하여 주의 말씀은 더욱 힘이 있어 흥왕하였고, 세력을 얻었다. 이때 데메드리오 은장색이 에베소의 아데미 신상(유방 24개)를 팔아서 돈을 벌었는데, 바울이 전하는 복음으로 장사를 못 하게 되어, 직공들과 시장의 사람들을 동원하여 바울의 동역자 가이오와 아리스다고를 붙잡아서 일제히 연극장으로 달려들어갔다. "아데미신이 위대하다! 아데미 신이 위대하다! "라고 말하면서 소동이 두 시간 동안 일어났다. 그러자 서기장이 정돈하여 민중을 해산시켰다.

20장은 3차 전도여행의 이야기가 계속되고 있다. 에베소의 소요사태가 그치자 바울은 마게도냐(빌립보?)에 왔다. 아마 거기서 8개월 유하면서 고린도 후서를 기록한 것 같다(고후7:5-16, 디도가 옴). 그리고 헬라지역에 3개월 동안 있을 때 지금까지의 전도여행에 관한 모든 것을 총정리하고 아드리해를 바라보면서 로마에 복음을 전하기 위해 로마서를 썼다(롬15:16-19). 그리고 유대인들이 박해와 공모가 있어서 빌립보에서 5일을 걸려 드로아에 도착했다. 1주일 동안 드로아에 머물러 있으면서 말씀을 강론하다가 유두고 청년이 창문에 걸터앉아 있다가 떨어져 죽었는데, 그를 기도하여 살린다.

그리고 드로아에서 그의 동역자들은 먼저 배를 타고 앗소까지 보내고 바울은 혼자 걸어서 앗소까지 간다. 그 이유는 앞으로 예루살렘에 도착했을 때 '위험한 일이 돌발하면 어떻게 할까?' 생각을 하고, 하나님과의 깊은 교제도 나누기 위함이다. 거기서 기오를 지나고 사모에 들리고 그 다음 날 밀레도에 도착했다. 에베소를 경유할 시간이 없어서 밀레도에 에베소 장로들을 불러서 고별설교를 하게 된다. 그때 유명한 고백은(20:17-36), "오직 성령이 각 성에서 내게 대하여 증거하여 결박과 환난이 기다린다고 하나, 나의 갈 길과 주 예수께 받은 사명, 곧 하나님의 은혜에 복음 증거하는 일을 마치려 함에는 나의 생명을 조금도 귀한 것으로 여기지 아니하노라"이다.

21장은 밀레도를 배를 타고 베니게를 거쳐 두로와(프톨레미) 가이샤랴에 이르러 빌립 집사의 집에 왔다. 거기서 아가보 선지자의 만류 속에서 예루살렘에 올라갈 굳은 각오를 보여주고 예루살렘으로 출발했다. 그 후 예루살렘에 도착하여 환영받고 그동안의 전도 현황을 보고하고 그동안 모은 헌금을 전달했다. 이렇게 하여 3차 전도여행을 마쳤다. 곧 유대인들이 그를 체포하여 결국 천부장들과 군중 앞에서 변론하게 되었다. 그 변론을 복음 전도의 설교내용이다.

오늘 묵상의 말씀

3차 전도여행에서 가장 중요한 교훈은 무엇인가?

바울의 변증 메시지

22장은 바울의 변증 메시지를 적고 있다. 사도바울은 자신을 핍박하고 대적하는 유대인에 대한 변증메시지를 자기 자신의 신앙 간증으로 대체하고 있다. 즉 바울은 본문의 간증을 통하여 복음을 배척하고 핍박하던 자신이 그리스도를 만나 '예수가 그리스도'라고 전도하는 선교의 선두주자가 될 수밖에 없었던 이 모든 일이 결국은 하나님께서 예비하신 것으로 이방 전도를 위한 그분의 뜻임을 역설하는 것이다. 이로써 바울은 이방 선교의 당위성과 자기 행동의 정당성을 주장함과 아울러 그리스도를 구세주로 영접하는 회개의 경종을 울려주고 있다. 이러한 변론은 물론 일부 유대인을 분노하게 했고, 그들을 자극하여 그들로 하여금 바울에 대한 살의를 품게 하였다. 한편 로마의 통치권을 가진 천부장은 바울이 로마의 시민권을 가진 것을 알고 두려워하여 이튿날 진실의 여부를 명확하게 하기 위해 산헤드린 공회에 세운다.

23장은 바울은 계속해서 산헤드린에서 변증의 메시지를 전하고 있는데, 이때 대제사장 아나니아의 반론에 부딪혀 초반부터 심각한 감정대립 양상을 띠게 되었다. 결국 공회의 분위기가 심각함을 느낀 바울은 예수그리스도의 부활에 관한 내용을 이야기함으로 사두개인과 서기관의 신학적 대립을 이용하여 위기를 잘 넘어간다. 이때 공회에 분쟁을 잠재우기 위하여 천부장은 바울을 빼앗아 영문으로 들어가게 한다. 그날 밤 주님께서 바울 곁에 서서 "담대하라, 네가 예루살렘에서 나의 일을 증거한 것같이 로마에서도 증거하여야 하리라"라고 메시지를 들려주었다.

이어서 바울은 로마 시민권을 가지고 있기에 가이사랴로 포송되어 가는데, 바울이 죽기 전에는 먹지도 않고 마시지도 않겠다고 결심한 사람 40명으로 구성된 암살 조직이 있다는 것을 접수한 천부장은 특별히 보병 이백 명과 마병 칠십 명과

창군 이백 명을 준비하여 호송하게 한다.

24장에서는 벨릭스 각하 앞에서 변증의 메시지를 전한다. 어떤 장로들이 변호사 더둘로를 통하여 바울을 고소한다. 그래서 벨릭스 각하 앞에 불려 나왔다. 그때 고발 내용은 1) 나사렛 예수의 이단을 추종하고 전파한다, 2) 유대인의 법에서 성전을 더럽히는 것은 사형에 해당한다, 3) 또 로마시민과 유대의 질서를 무너뜨리고 소요를 일으킨다는 것이다.

이에 대하여 변증하기를 첫째는 오로지 자신은 그리스도의 부활을 증거했기에 잘못 고소당했고, 둘째는 성전훼손죄에 대하여는 성전을 훼손한 일이 결코 없으며 결례를 한 일이 있으나 그것을 조용히 행했다는 것이다. 이 과정을 다 들어본 벨릭스는 이 송사는 정치적인 사건이 아니라 종교에 관한 것이기에 재판을 연기한다고 결정 내렸다. 그리고 2년 동안 가이사랴의 감옥에 있게 한다. 그러나 거기에서 자유의 시간을 갖게 한다. 아마 이때 누가를 예루살렘과 베들레헴에 보내어 예수님의 어린 시절로부터 시작하여 승천 시까지 자료를 수집하여 누가 복음을 기록했을 것이다. 그 후 벨릭스는 헬라인과 유대인의 인종 분규에 휘말려 퇴임하게 되고 이어서 베스도 총독이 후임으로 부임한다.

25장은 유대의 무리가 가이사랴까지 내려와 베스도 총독에게 소송을 제기한다. 그러나 1차 재판 때와 마찬가지로 바울을 죽일만한 결정적인 증거를 찾지 못했다. 그래서 재판이 무산 지경에 이르게 된다. 이때 바울은 로마 시민권을 가졌기에 로마 황제 가이사에게 탄원하게 된다. 그래서 재판을 연기했다. 그 후 수일이 지나서 유다 북쪽의 통치자인 아그립바 왕이 새로 부임하여 부임 인사차 베스도 에게 들렸을 때 그에게 이에 대한 자문을 구한다.

오늘 묵상의 말씀

여러 법정에 서면서 바울에게는 어떤 점이 좋았는가?

로마에 가는 여정

26장은 사도바울이 아그립바 앞에서 변증하는 메시지이다. 이미 유대인의 풍습을 잘 알고 있는 아그립바 왕을 의식해서 바울은 회심하기 전에 유대교의 핍박자이었으나, 예수를 알고 나서 기독교만이 참된 진리임을 알게 되었다는 것이다. 이를 위하여 이방인들에게 복음을 전하라고 하신 것 때문에 이렇게 송사를 당했다는 것이다. 그러나 이러한 내용은 전혀 새로운 사실이 아니라 이미 모세 이전부터 약속되었고 성취되기 시작했다는 것이다. 바울은 변론 중에도 복음전파의 신분을 잊지 않고 전도했다. "당신뿐 아니라 오늘 내 말을 듣는 모든 사람도 다 이렇게 결박한 것 외에는 나와 같이 되기를 하나님께 원하노이다(26:29)." 바울의 이야기를 들은 아그립바와 베스도는 무죄판결을 했다. 그럼에도 불구하고 로마 가이사에게 탄원을 해야 할 처지에 있으므로 로마로 이송한다.

27장은 왕은 로마 아구스도대의 백부장 율리오에게 책임을 주어 바울과 일부 죄수들이 아드라뭇데노 배를 타고 로마로 이송하게 된다. 바울과 그들은 가이사랴에서 출발하여 시돈을 거쳐 구브로 해안을 따라 루기아의 무라 항에 도착하여 알렉산드리아 배로 갈아탄다. 그리고 계속 항해하여 그레데의 미항에 이른다. 이때 바울이 "이번 행선이 우리 생명에도 타격과 많은 손해가 있으리라(27:10)"라고 말했으나, 율리오 백부장은 선장과 선주의 말을 바울의 말보다 더 믿었다. 결국은 배에 탄 모든 사람의 생명을 위험에 빠뜨린다. 출발은 좋았으나 얼마 못되어 '유라굴로' 광풍을 만나 배의 모든 짐을 다 버리고 돛을 내린 채 떠내려가고 있었다. 밤낮 구분할 수 없을 정도로 날이 어두웠고 방향감각을 잃어버렸다. 그래서 모두 죽는 줄 알았다(27:13-20). "이제는 안심하라, 너희 중 생명에는 아무 손상이 없겠고, 오직 배뿐이라. 나의 속한바, 곧 나의 섬기는 하나님의 사자가 어젯밤에 내 곁에 서서 말하되 두려워 말라, 네가 가이사 앞에 서야 하겠고, 또 하나님께서 너와 함께 행선하는 자를 다 네게 주셨다 하였으니 그러므로 여러분이여, 안심하라. 나는 내게 말씀하신 그대로 되리라고 하나님을 믿노라." 바울은 이렇게 평안의 메시지를 전달하며 위기상황을 침착하게 대처하게 한다. 그리하여 그들 276명은 모두 구원을 얻었다.

28장은 멜리데 섬에서부터 로마에 도착한 여정 이야기를 기록하고 있다. 멜리데 섬에 상륙하여 따스한 동정을 받았다. 그러면서 두 가지 사건이 있었는데, 즉 바울이 독사에 물렸음에도 불구하고 죽은 않은 사건과 바울이 이질과 열병에 걸린 멜리데 섬의 추장 보블리오의 부친을 치유한 사건을 통하여 멜리데 섬이 복음화 되었다(28:1-10). 이렇게 하여 3개월 동안 멜리데에서 과동하다가 디오스구로 배를 타고 수라구사에 가서 3일간 정박했다. 그다음 날 보디올에 도착하고, 그곳 성도의 집에서 7일을 지내다가 로마를 향해 출발했다. 머지않아 그들은 압비오 광장과 삼관에 도착하여 로마 성도들을 만나 감사의 마음과 담대한 마음을 얻게 된다. 로마에서 한 3일 동안 자유의 시간을 가진 바울은 로마에 거주하는 유대인 지도자들을 초청하여 자기 견해를 밝힌다. 자신은 이스라엘 율법이나 규례에 거부한 적이 없음에도 불구하고 고소당하여 결국 가이사에게 호소할 수밖에 없었다. 바울은 '자기 민족에게 손해를 끼치기 위해' 재판을 받는 것이 아니라 '이스라엘의 소망을 증거하기 위해서'라는 것이다. 그 후 시간을 얻어 두 해 동안 자기 셋집을 얻어 거기 유하며 복음을 전했다

그 두 해 동안 그는 교회의 중심되는 메시지, 에베소서와 그의 모델인 그리스도를 기록하는 골로새서, 현장에서 승리하는 비밀을 기록한 빌립보서, 그리고 인간관계 회복을 바라는 빌레몬서를 기록하였다. 이를 우리는 옥중서신이라고 한다.

이렇게 몸은 가둬 있으나 마음은 항상 복음을 전하면서 착실하게 복음을 전하는 택하신 자로서의 소명을 다하는 것을 기록하고 있다.

오늘 묵상의 말씀

사도바울은 여행을 통하여 초지일관 무엇을 주장하고 있나?

복음의 핵심가치

1장은 갈라디아 교회의 변질된 신앙에 대한 책망을 기록하고 있다. 갈라디아 지역은 사도바울이 1차 전도여행을 했던 안디옥, 이고니온, 루스드라, 더베의 교회가 있는 곳이다. 그곳 전도여행을 하면서 부딪힌 장벽은 율법주의자들이었다. 예수를 믿어도 율법을 지켜야 한다는 것이다. 그래서 1차 전도여행의 결과를 예루살렘 교회에 보고하고 율법의 조항 613가지 중 4가지만 지키면 된다고 결정했다. 그것은 우상의 더러운 것, 음행, 목매어 죽은 것, 피이다. 이 회의 결과를 그동안 개척된 교회에 보고했더니 매우 기뻐했다. 그것을 통보한 후에 '복음의 핵심가치'가 무엇인지를 정확하게 규정하고 싶었다.

단도직입적으로 말하면 '다른 복음은 없나니, 우리가 너희에게 전한 복음 다른 복음을 전하면 저주를 받을지어다(1:7, 8)', '이제 내가 사람들에게 좋게 하랴, 하나님께 좋게 하랴(1:10)', 바울은 이방 지역에서 복음의 순수성을 확립하기 위해 아주 단호하게 복음의 핵심가치를 말하려고 하는 것이다(1:1-10). 이를 전하기 위하여 사도바울은 사도직을 변호한다. 사도바울이 이렇게 강력하게 복음을 전하는 이유는 사람을 위한 복음이 아니고, 그 어떤 사람에게서 받은 교훈이 아니라 예수님에게 직접 계시로 받은 것이다. 그러기에 그 이전에는 교회를 핍박했으나 부활하신 예수님을 다메섹에서 만나고 계시를 받은 후에 정리해보니 그는 이방인에게 복음을 전하기 위해 어머니 태 속에서 부르심을 깨달았고, 아라비아 광야로 가서 3년 동안 지금까지 알고 있는 구약의 모든 말씀을 정리하고 예수가 그리스도임을 확실히 알게 되었다.

2장은 예루살렘 교회로부터 사도권을 인정받는 내용을 기록하고 있다. 사도바울은 항상 예루살렘 교회를 존중했다. 그래서 1차 전도여행 결과를 보고했다. 그러면서 열두 사도로부터 인정받은 것은 이방인의 사도라는 것이다. 베드로가 예루살렘 교회 중심으로 할례자의 사도로 택하심을 받았다면, 사도 바울은 할례와 상관없는 이방인의 사도로 삼았다는 것이다. 그러기에 베드로는 할례자에게로 가고, 사도 바울은 무할례자에게로 가서 복음을 전한 것이다. 그러므로 이제 확실히 해야 할 것은 그리스도의 십자가 대속의 가치를 믿음으로 구원에 이른다는 것이 진리이다. 즉 그리스도께서 율법이 요구하는 그 대가를 십자가에서 치르셨다는 것이다. 그 이후 우리는 예수를 믿음을 통하여 의로 인하여 구원을 얻는다.

"그런즉 이제는 내가 산 것이 아니요, 오직 내 안에 그리스도께서 사신 것이라. 이제 내가 육체 가운데 사는 것이라. 나를 사랑하사 나를 위하여 자기 몸을 버리신 하나님의 아들을 믿는 믿음 안에서 사는 것이라(2:20)."

3장에서는 갈라디아 교회에 믿음을 강조한다. 이를 위하여 성령의 역사가 중요하다. "성령을 받은 것이 믿음으로냐, 율법의 행위로냐? 성령으로 시작했다가 육체로 마치겠느냐? 너희에게 성령을 주시고 능력을 행하게 하시는 이는 율법의 행위에서냐? 듣고 믿음에서냐?"라고 아주 단호하게 말하고 있다. 교회의 시작은 성령의 역사요, 성령의 역사를 믿음으로 시작하는 것이다. 그 믿음의 시작은 아브라함인데, 아브라함은 율법을 행함으로 구원을 얻은 것이 아니라 하나님을 믿으매 이것을 그에게 의로 정했다는 것이다. 율법은 그를 통하여 약속을 주었는데, 이는 예수그리스도가 오심으로, 예수그리스도를 믿음으로 모든 약속이 완성되는 것이며, 몽학선생으로 이것을 깨닫게 해준다는 것이다.

오늘 묵상의 말씀

복음의 핵심가치를 정하는 가장 중요한 요인은 무엇인가?

참 자유와 성령의 열매

4장은 율법의 제한성과 복음의 우월성을 기록하고 있다. 율법은 유업을 얻은 자가 어렸을 때 초등학문 아래에서 종노릇하다가 때가 차면 하나님의 아들을 보내어서 아들의 명분을 누리게 된다는 것이다. 이것을 율법과 은혜로 비교하면 다음과 같다.

	구분	율법	은혜
1	아브라함의 두 아내	하갈	사라
2	아브라함의 두 아들	이스마엘	이삭
3	자유와 종	종	자유자
4	장소	시내 산	예루살렘
5	두 언약	율법	은혜
6	유업	얻지 못함	얻음
7	구원의 수단	행위	은혜와 율법
8	두 종교	유대교	기독교

5장은 복음의 핵심가치는 참 자유라고 말한다. 그리스도의 십자가로 말미암아 참 복음은 그것을 믿는 모든 자에게 자유의 삶으로 인도한다는 것이다. 이것은 죄와 사망과 율법의 모든 속박에서 벗어나는 '자유'이다. 주님께서 이러한 자유를 주신 것은 성도들이 누리는 '참 자유의 삶'을 통하여 기쁨과 영광을 얻으시기 위한 것이다. 그러면 참 자유란 무엇인가? 그것을 그리스도께서 주신 자유를 육체의 욕심을 따라 아무렇게나 자신의 이기적인 육체의 일을 위해 살지 않고 오직 하나님의 영광을 위해, 이웃의 사랑을 위해 사용하는 이타적인 자유이다. 그러면 육체의 일은 무엇인가? 그것은 곧 음행과 더러운 것과 호색과 우상숭배와 술수와 원

수를 맺는 것과 분쟁과 시기와 분냄과 당 짓는 것과 분리함과 이단과 투기와 술 취함과 방탕함과 또 그와 같은 것들인데 이것들은 하나님의 나라를 유업으로 받지 못한다. 그런가 하면 성령을 따라 하나님을 사랑하고 이웃을 인격적으로 사랑하다 보면 9가지 열매를 맺게 된다. 곧 사랑, 희락, 화평, 오래 참음, 자비, 양선, 충성, 온유, 절제이다. 이 같은 것을 금지할 법이 없다. 그러므로 이를 위하여 우리 그리스도의 사람들은 육체와 함께 그 정과 욕심을 십자가에 못 박아야 할 것이다.

6장은 성도들의 실천적 생활을 내용을 기록하고 있다.

1) 온유한 심정으로 자신을 돌보아 범죄한 사람을 아끼는 마음으로 사랑하라.
2) 그 사람의 잘못을 보고 자신을 돌아보고 자신도 죄에 빠지지 않도록 하라.
3) 잘못을 범한 사람의 잘못에 대해서는 자신의 책임을 느끼며 그 잘못을 대신 감당하는 사랑의 '짐'을 지라.
4) 자기의 짐은 자기가 잘 지라.
4) 가르치는 자와 가르침을 받는 자는 모든 좋은 것을 함께 하라.
5) 스스로 속이지 말라. 사람이 무엇으로 심든지 그대로 거둘 것이다.
6) 자기 육체를 위하여 심는 자는 육체로부터 썩어질 것을 거두고 성령을 위하여 심는 자는 성령으로부터 영생을 거두리라.
7) 우리가 낙심하지 말지니 때가 이르매 거두리라.
8) 기회 있는 대로 모든 이에게 착한 일을 하되 더욱 믿음의 가정들에 할지니라.
9) 내게는 그리스도 외에는 자랑할 것이 없나니 세상에 대하여 못 박혔느니라.

오늘 묵상의 말씀

복음의 핵심가치를 주장하는 이유는 열매를 맺기 위함이다. 어떤 열매를 맺어야 하는가?

신앙의 실천내용과 열매

1장은 온갖 시련 가운데서 강조한 믿음의 실천 내용을 기록하고 있다. 야고보는 예수님의 동생으로서 사도바울의 이방인에게 복음 전하는 행위에 대하여 적극적으로 지원하는 자이다. 그는 교회의 지도자로서 총회를 통하여 율법의 올가미에서 벗어나 복음 전도를 자유롭게 하려고 규례조항의 613가지를 4가지 우상, 목매어 죽은 것, 음행한 것, 피만은 먹지 않도록 규제조항으로 선포했었다. 그러나 믿음을 강조하다보니 행함을 소홀히 한 것 같아서 흩어진 믿음의 성도들에게 권면의 편지를 올렸다.

1장에서는 스데반의 일로 인하여 흩어진 유대인들이 여러 가지 시험을 당할 때 시험은 인내를 만들어 주기 때문에 온전히 기쁘게 여기라고 한다. 그리고 지혜가 부족하거든 후히 주시고 꾸짖지 아니하시는 하나님께 기도하라고 한다. "오직 믿음으로 구하고 조금도 의심하지 말라. 이런 사람은 두 마음을 품어 정함이 없는 자이다."

2장에서 믿음은 행함이 있는 것이 참 믿음이라고 기록한다. 그리고 당시 심각한 문제 중의 하나인 사회적 지위와 부의 격차로 인한 성도들 간의 차별행위에 대해한 책망한다. 한편 연약하고 가난한 형제들에게 긍휼로 대할 것을 촉구하고 있다.

기생 라합은 다윗의 혈통에서 중요한 사람이 되었는데, 그것은 사자를 접대하여 다른 길로 나아갈 때 행함으로 의롭다 하심을 받은 것이다. 그러므로 행함이 없는 믿음은 그 자체가 죽은 것이다.

3장은 그 믿음은 언어로 나타난다고 기록한다.

1) 누구든지 말에 실수가 없으면 온전한 사람이며 또한 몸 전체를 다스릴 수 있다. 2) 그 혀를 다스릴 수 있는 사람은 성실하고 성숙한 사람으로 판명되며, 말을 제어할 수 있는 은혜와 지혜는 그 사람의 다른 모든 행동도 다스릴 수 있다는 것이

다. 3) 한 입에서 찬송과 저주가 나는도다. 내 형제들아, 이것이 마땅하지 아니하니라. 그러므로 이를 위한 지혜를 얻기 위하여 세상적이요, 정욕적이요, 마귀적인 것은 시기와 다툼이 있다. 오직 위로부터 온 지혜를 갖자.

4장은 다툼을 그치고 하나님께 순종하라고 한다. 싸움의 종류와 그 원인은 다음과 같다.

싸움의 종류	원인	양상
서로 간의 싸움	자신과의 싸움	피차에 비방함
자신과의 싸움	하나님과의 싸움이 있기 때문	자기 정욕과 자기 뜻을 이루기 위한 기도
하나님과의 싸움	하나님을 반역하고 있기 때문	세상과 벗함, 교만함

우리가 처할 태도는 '하나님께 순복하고, 마귀를 대적'하는 것이다. 그리하면 우리를 피하리라.

5장에서는 주의 강림하실 때까지 기다리라고 한다. 먼저는 재물을 쌓아 둘 때 인생의 문제가 생긴다. 특히 부자들은 삯을 주지 않고 재물을 쌓아두면 큰일이 일어난다. 이는 그날, 주님의 재림을 모르는 사람이 하는 일인데, 반드시 심판이 온다는 것이다. 그러므로 우리는 그날 주의 강림의 날을 기다려야 하는데 1) 인내하며 그날을 바라보라. 2) 인내는 마음을 굳게 하라. 믿음과 선행을 흔들리지 말고 계속하라는 것이다. 3) 서로 원망하지 말라. 4) 인내하라는 것은 아무 일도 하지 말라는 것은 아니다. 5) 씨를 뿌리고 결실을 기다리는 농부처럼 수고하여 열매 맺는 그날을 바라보자. 6) 인내의 좋은 본보기는 욥인데 욥은 고난 중에 인내하여 두 배의 축복을 받는 것을 보았다. 제일 중요한 것인 교회가 서로를 위해 기도하면서 이 비밀을 누리는 것이다.

오늘 묵상의 말씀

야고보가 말하는 신앙의 열매를 맺기 위한 실천내용은 무엇이라고 생각하는가?

재림에 대한 소망

1장은 데살로니가 교회에 대해 칭찬을 기록하고 있다. 바울은 제2차 전도여행 중 데살로니가 교회를 세웠다. 유대주의자들의 박해가 심해서 급히 피신을 했다(행17:5-10). 그 후 베뢰아, 아덴, 고린도를 계속 다니는 중에 데살로니가 교회의 소식을 듣게 되었다. 그것은 종교적 탄압 가운데서도 교회가 믿음, 소망, 사랑을 쉬지 않고 기억하고 있다는 사실이다(1:3). 이러한 사실이 단지 말로만이 아니라 오직 능력과 성령과 큰 확신으로 된 것인데 환난 가운데서 기쁨으로 말씀을 받아 마게도냐, 아가야 지역의 본이 되었다는 것이다.

2장은 고난 중 복음 전파한 것을 회상하고 있다. 2차 전도여행의 시작인 빌립보에서 고난과 능욕을 당하기 시작하였고, 이어서 데살로니가에서 어려움이 있었으나 오직 우리 마음을 감찰하시는 하나님을 기쁘시게 하려는 것을 우리 하나님이 인정하셨다는 것이다.

그러면서 데살로니가 교회 성도들에게 감사한 것은 우리에게 들은바 하나님의 말씀을 받을 때 사람의 말로 아니하고 하나님의 말씀을 받음이니 이 말씀이 또한, 그들 안에서 역사한다는 소식을 들었기 때문이다(2:13). 그들을 만나보고 싶은 열정이 있는데, 여러 번 사단이 막아서 못 갔지만 "너희는 우리의 소망이요, 기쁨이요, 자랑의 면류관으로 우리 주님이 강림하실 때 바로 너희가 우리의 영광이요 기쁨"이라고 말한다.

3장에서 바울은 디모데에게 귀환보고를 받고 기쁨과 뜨거운 사랑의 감정을 감추지 못하고 벅찬 감격과 감사의 마음을 토로한다. 그리고 데살로니가 교회를 향한 중보의 기도를 한다. "주께서 너희 마음을 굳게 하시고, 주의 강림하실 때까지 하나님, 우리 아버지 앞에서 거룩함에 흠이 없게 하시기를 원하노라." 그리고 데살로니가 교회를 향한 지금까지의 칭찬과 격려를 일단락 지으면서 다음으로 교회를 위한 권면의 이야기를 이어간다.

4장은 종말을 앞둔 성도의 합당한 삶을 살라고 기록한다. 지금까지의 성도의 삶을 회고하면서 칭찬을 아끼지 않은 바울은 이제 그들의 종말적 신앙을 위하여 영적 순결을 강조한다. 왜냐하면, 주의 재림이 가까웠기 때문이다.

종말을 준비하기 위해 1) 거룩함과 존귀함을 이루기 위하여 자기 아내의 귀한 줄을 알고 이방 여인과 색욕을 좇지 말 것, 2) 분수에 넘치는 생활을 하지 말 것, 3) 외인에 대하여 단정히 행하고 아무 궁핍이 없도록 자기 손으로 일하기를 힘쓸 것, 4) 재림을 준비하는 자들을 슬퍼할 필요가 없다. 주님 안에서 자는 자들을 예수님이 하나님과 함께 데리러 올 것이고, 주님 오실 때까지 살아 있는 자는 주께서 호령과 천사장의 소리와 하나님의 나팔로 친히 하늘로 좇아 강림하시리니 그때 죽은 자들이 먼저 살아나고, 그 후에 우리 살아남은 자도 저희와 함께 구름 속으로 끌어 올려 주와 함께 있게 된다는 것이다.

5장은 재림을 준비하는 자의 삶을 기록하고 있다. 물론 그 날과 그 시는 아무도 모르고 하나님만 아신다. 그러므로 이제 우리는 오직 깨어 근신할 것이다. 분명한 것은 밤이 도적같이 온다는 사실이다. 그러므로 우리는 재림을 깨어 준비하다고 다음 사항에 유의해야 한다고 가르치고 있다. 1) 빛의 자녀같이 낮의 아들같이 행한다. 2) 믿음과 사랑의 흉패를 붙이고 구원의 소망을 투구를 쓰자. 3) 피차 권면하여 서로 덕을 세우라. 4) 사랑 안에서 서로 화목하라. 5) 항상 기뻐하고, 쉬지 말고 기도하고, 범사에 감사하라. 6) 평강의 하나님이 너희 온 영과 혼과 몸이 주의 강림하실 때에 흠 없이 보전하기를 원하노라.

오늘 묵상의 말씀

예수님의 재림을 바라보는 사람들은 어떻게 살아야 할까?

재림의 준비

1장은 데살로니가 교회에 감사와 격려를 한다. 데살로니가 교회 성도들은 믿음이 항상 자라고 있으며, 서로 풍성하게 사랑했을 뿐만 아니라, 환난과 핍박 가운데서 인내하는 믿음, 곧 소망을 가지고 있었다. 이 소문이 여러 교회에 널리 퍼져있기에 감사한 것이다. 특별히 "그날에 강림하사 그의 성도들에게서 영광을 얻으시고 모든 믿는 자에게 기이기 여김을 얻는 것을 너희가 믿었기 때문"이라는 확신이 있었다. 이를 위하여 사도 바울이 기도하는 것은 "우리 하나님이 우리를 그 부르심에 합당한 자로 여기고, 모든 선을 기뻐함과 믿음의 역사로 능력으로 이루게 하시고 그 영광을 얻게 하려는 것"이라고 말한다.

이렇게 편지를 쓰는 이유는 첫 번째, 편지로부터 가르친 종말론에 대해 오해한 교인들이 현실에서 도피하는 경향을 보이자 이를 바로 잡기 위해서다. 그래서 그들이 믿음을 잃지 않고 끝까지 신앙생활 잘 하도록, 또 바울이 그들을 위하여 쉬지 않고 기도하고 있다는 사실을 알게 함으로써 힘과 용기를 북돋아 주기 위함이다.

2장에서 사도바울은 성도들이 '거짓 교훈과 적그리스도의 출현'에 미혹되지 않도록 강조하고 있다.

첫째, 거짓 교훈은 1) 자기가 직접 영감을 받았다고 말하거나 2) 바울의 가르침을 받았다고 말하거나 3) 바울에게서 편지를 받았다고 주장하여, 마치 당장 주의 날이 임하게 될 것처럼 말하는 사람이다.

둘째, 적그리스도는 1) 주님이 오시기 전에 배도하는 자들, 2) 불법의 사람, 멸망의 아들들, 3) 사탄의 역사를 따라 기이한 일과 거짓된 일을 통하여 멸망시키는 일, 4) 하나님을 대적하는 자들이다. 이런 교훈에 속지 말라는 것이다. 하나님이 이런 사람들을 그냥 내버려 둔 것은 마지막 날에 심판을 받게 하려 함이라고 강조하고 있다. 그러므로 중요한 것은 사도 바울을 통하여 편지로나 말로 가르친 사실을 굳게 지켜서 모든 선한 일과 말에 굳세게 있기를 간구한다는 것이다.

3장은 마지막으로 기도 생활에 대한 권면으로 말세에 소망을 잃지 말고 자신이 당하는 고난을 이기도록 위로하고 있다.

그 기도 내용은 1) 주의 말씀이 너희 가운데서 달음질하여 영광스럽게 하옵소서. 2) 우리를 악한 자와 경우 없는 자에게서 구원하옵소서. 3) 바울이 가르친 것을 행할 수 있게 하옵소서. 4) 주님이 우리 마음을 인도하여 하나님의 사랑과 그리스도의 인내에 들어가게 하옵소서 등이다.

실천사항으로는 1) 규모 있게 행하자. 2) 성도들이 분별력 없고, 게으른 자들, 그리고 그가 가르친 것을 행하지 않는 자들과 더는 사귀지 말라. 3) 일하기 싫거든 먹지도 말라. 이는 마지막 재림 날이 가깝기 때문에 일할 필요가 없다고 미혹하는 자들을 강하게 거부하라는 것이다. 4) 도무지 말만 하고 일하지 않은 자들에게 종용히 권하여 일하고 일한 대가로 자기 양식을 먹으라는 것이다. 그래서 절대로 다른 사람에게 폐를 끼치지 말라는 것을 바울은 강력하게 말하고 있다. 5) 이렇게 선한 일을 행하다가 어려운 일이 있어도 절대 낙심하지 말라. 6) 이 편지에 대하여 우리말로 순종하도록 권면하지만 듣지 아니하면 사귀지 말고, 그 사람을 부끄럽게 하라. 7) 그러나 원수같이 생각하지 말고 형제같이 권면하라. 사도바울이 이러한 일로 본을 보였으니 너희도 본을 보이라고 한다. 8) 주님께서 친히 일마다 너희에게 평강 주시기를 원한다고 권면하고 격려하고 있다.

오늘 묵상의 말씀

주님의 오시는 그날을 보면서 우리가 준비할 내용은 무엇이며, 현실에서 어떻게 적용할까?

교회분쟁의 원인과 자랑의 내용

1장은 교회분쟁에 대한 바울의 심정을 기록하고 있다. 고린도 교회는 사도바울이 2차 전도여행 때 심혈을 기울여 세운 교회이다. 그런데 바울이 3차 전도여행 중에 에베소에 있을 때 스데바나, 브도나도, 아가이고가 고린도 교회의 일상생활의 문제를 가지고 와서 해결책을 내놓으라고 요청한다. 그래서 그 일상생활에 대한 답을 주고 있다.

먼저 분파 문제이다. 나는 바울에게, 나는 아볼로에게, 나는 게바에게 나는 그리스도에게 속했다고 하면서 교회의 분쟁이 생겼다. 이에 대한 해답은 3장에서 설명한다. "나는 심었고 아볼로는 물을 주었으되, 오직 하나님은 자라나게 하셨나니 그런즉 심는 이나 물주는 이는 아무것도 아니로되, 오직 자라나게 하시는 하나님뿐이로다. 그런즉 바울이나 아볼로나 게바나 세계나 생명이나 사망이나 지금 것이 장래 것이나 다 너희의 것이요. 너희는 그리스도의 것이요. 그리스도는 하나님의 것"이라고 확실하게 선언하고 있다.

중요한 것은 십자가가 헛되지 말아야 한다. "십자가의 도가 멸망하는 자들에게는 미련한 것이요. 구원을 얻는 우리에게는 하나님의 능력이다. 유대인은 표적을 구하고 헬라인은 지혜를 찾으나 우리는 십자가에 못 박힌 그리스도를 전하니 유대인에게는 거리끼는 것이요. 이방인에게는 미련한 것이로되 오직 부르심을 입은 자들에게는 유대인이나 헬라인이나 그리스도는 하나님의 능력이요, 하나님의 지혜이다. 하나님의 미련한 것이 사람보다 지혜 있고, 하나님의 약한 것이 사람보다 강하니라. 기록된 바 자랑하는 자는 주안에서 자랑할지니라(1:18-31)." 바울은 분파주의의 양상을 지적하면서 교회는 인간중심에서 빠져나와 십자가 복음 중심으로 하나가 되어야 한다는 것을 강조한다.

2장은 사도 바울이 전도의 자세에 대하여 기록하고 있다. 그는 하나님의 지혜를 선택하고 있다고 말하고 있다. 하나님의 지혜와 세상의 지혜를 비교하면 다음과 같다.

이 세상의 지혜	하나님의 지혜
말의 지혜(1:17. 2:4)	말뿐이 아닌 능력의 지혜(2:4, 5)
인간의 말(2:4)	성령의 말(2:13)
세상의 영(2:13)	하나님의 영(2:12)
철학자(1:20, 선비, 변호사)	전도자(1:31, 2:4)
하나님 모름(1:21)	하나님을 앎(2:12)
하나님 보시기에 미련함(1:20)	인간들이 보기에 미련해 보임(2:14)
멸망으로 인도함(1:18)	구원과 영광으로 인도함(1:18, 2:7)

그가 아테네에서 전도할 때 사람의 말과 지혜로 전도하려다가 많은 두려움에 봉착하고 고린도로 왔다. 그 때 그가 "내가 너희 중에서 예수 그리스도와 그의 십자가에 못 박히신 것 외에는 아무것도 알지 아니하기로 작정하였음이라(고전 2:2)"라고 결심한 바를 고백했다. 이는 사람의 믿음이 성장하는 것은 사람의 지혜에 있지 아니하고 다만 하나님의 능력에 있는 것을 깨달았기 때문이다.

3장은 '이러한 바는 신령한 지혜인데, 우리는 여기에 속한 하나님의 동역자요, 너희는 밭이니 하나님의 집이니 그리스도의 터 위에 집을 짓는 자들'이다.

4장은 교회분쟁에 대한 결론을 말하고 있다. 교회를 섬김에 있어서 제일 중요한 것은 충성이다. 기록된 말씀을 배워 새로 대적하지 말고 교만한 마음을 먹지 말고 서로 존귀하게 여기라는 것이다. 하나님 나라는 말에 있는 것이 아니라 능력에 있는데, 그것은 서로를 귀하게 여기는 사랑과 온유한 마음에 있다는 것이다. 이를 위해 사도바울은 본을 보였다.

오늘 묵상의 말씀

신앙의 일상생활 속에서 놓치지 말아야 할 가장 중요한 덕목은 무엇일까?

일상생활에 대한 해답

5장은 교회 안의 음행에 대하여 충고하며, 8장까지는 일상적인 문제에 대하여 답하고 있다. 교회 안에 근친상간의 죄악을 범한 자가 있으나 미온적인 태도를 보임으로 영적으로 순결해야 할 교회가 사단에게 내어 준 바 되고 있다고 한다. 마치 누룩이 온 덩어리에 퍼지듯이 죄악이 온 교회에 퍼진다는 뜻이다. 그래서 유월절에 누룩 없는 떡을 먹은 것이다. 교회는 오직 순전함과 진실함의 누룩 없는 떡을 먹어야 한다. 그런 사람은 내어 쫓으라는 것이다.

6장은 소송에 대한 문제이다. 고린도 교회 성도들 간에 발생한 문제를 세상 법정으로까지 끌고 감으로써 하나님의 영광을 가릴 소송문제에 대해 준엄하게 책망하며, 교회 안에서 발생한 문제는 말씀으로 판단하고, 신앙으로 해결해야지 세상 법정으로 끌고 가면 안 된다는 것이다. "차라리 불의를 당하는 것이 낫지 아니하며 차라리 속는 것이 낫지 아니하냐(6:7)"라고 말하면서 지혜롭게 불의한 일을 판단하라고 경고한다. 그렇지만 5장에서 말한 음행은 용서하면 안 되며 사람이 범하는 죄는 밖에 있는 것이 많은데, 음행은 자기 몸 안에 죄를 범하는 것이다. 우리의 몸은 하나님께 받은 것이요, 우리 몸에 성령이 계시므로 성령의 전이요, 값을 주고 산 것이기에 하나님께 영광 돌리도록 몸을 사용하여야 한다.

7장은 결혼에 대한 권면이다. 바울은 기본적으로 독신을 권장한다. 이는 주님의 재림이 가까웠기 때문이라고 본다. 그러나 결혼을 한다면 상대방에게 바른 의무를 다해야 한다. 무절제로 시험에 빠지지 않도록 모든 일에 서로의 마음과 사정을 고려하여 합의하여 조화 있는 생활을 하라는 것이다. 이혼에 대하여는 가능하면 이혼하면 안 된다고 말한다. 일시적으로 헤어졌을지라도 기다리다가 화해하라는 것이다. 따라서 성도는 인내로 결혼생활을 이루어 나가며 불신 배우자를 구원하려고 노력하는 것이 이상적이라는 것이다.

과부에 대하여는 그냥 지낼 수도 있고, 재혼할 수도 있다. 그러나 남녀를 막론하고 믿는 자가 재혼할 경우 반드시 '주안에서만' 믿는 배우자를 선택하라는 것이다. "이것을 말함은 너희로 하여금 이치에 합하게 하여 분요함이 없이 주를 섬기게 하려 함이다."

8장은 우상의 제물에 대한 문제를 기록하고 있다. 고린도 지역에서 도살되는 모든 고기는 신전에 바쳐진 제물이다. 그런데 그 제물을 다 처리 못하니 그 고기를 시장에 와서 파는 것이다. 그리하여 고린도 교회 성도들은 '그 고기를 사서 먹을 수 있는가?', '우상에게 바쳐진 제물이 앞에 놓일 때 어떻게 행동할 것인가?', '잔치에 초대받았을 때 어떻게 해야 하는가?' 하는 의문을 가지게 되었다. 이때 바울은 위대한 해석을 한다. 신앙인은 지식을 따라 행동하라고 한다. 우상은 아무것도 아니다. 누구든지 하나님을 사랑하면 이 사람은 하나님이 아신다. 그러므로 사랑을 따라 행동하라는 것이다. 성숙한 신앙인의 입장에서 볼 때는 우상 제물이란 단순한 식물 이상의 아무것도 아니나 신앙이 약한 사람들은 그로 인해 실족할 수 있다. 따라서 그리스도인들은 주어진 자유를 남용해서는 안 되며 항상 건덕을 세우기 위해 신중히 사용해야 한다. 제일 중요한 것은 그 식물로 형제가 실족하지 않게 하는 것이다. 만일 그 식물이 형제를 실족케 하면 나는 영원히 고기를 먹지 아니하여 내 형제를 실족하지 않게 하겠다고 바울은 말한다.

오늘 묵상의 말씀

더불어 살아가는 신앙의 일상생활 중에 제일 중요한 것은 무엇인가?

거룩함의 본보기

9장에서 사도바울은 자신의 본보기를 말하고 있다. 형제를 실족하지 않기 위하여 자신에게 주어진 특권을 사용하지 않았다는 것이다. 첫째, 다른 사도처럼 그 자신도 가정을 이루며 교회로 지원을 받을 수 있다. 둘째, 그도 일하는 자가 보수를 받는다는 원리이다. 군인이든 농부이든 목자이든 모두 삯을 받고 일하며 그 결과를 누릴 수 있다. 셋째, '율법의 말씀'에 따르면(신25:4) 소가 곡식을 밟아 떨 때 망을 씌우지 않듯이 주의 일을 할 때 육신의 열매를 얻을 수 있다. 넷째, '주님께서 친히 일꾼이 저 먹을 것을 받는 것이 마땅하다'고 했다(눅10:7). 그러나 바울은 그리스도의 복음에 장애가 없게 하려 하여 이런 권리를 다 사용하지 않는다고 했다.

"모든 사람에게 자유하나, 스스로 모든 사람에게 종이 된 것은 더 많은 사람을 얻고자 함이라. 약한 자들에게 약한 것은 약한 자들을 얻고자 함이요, 여러 사람에게 여러 모양이 된 것은 아무쪼록 몇몇 사람을 구원코자 함이라. 운동장에서 달음질할지라도 상 받는 자는 하나인 줄을 너희가 알지 못하느냐. 너희도 상 얻도록 이와 같이 달음질하라."

10장은 이스라엘 역사에서 얻는 교훈을 기록하고 있다. 조상들이 광야에서 경험한 일이 우리의 거울이다. 어떤 이들은 우상 숭배하면서 먹고 마시다가 죽었다. 또 어떤 사람들은 간음하다가 하루에 이만 삼천 명이 죽었다. 그런가 하면 광야에서 10번이나 불평하면서 원망하다가 결국은 가나안 땅에 들어가지 못하고 광야에서 죽었다. "그러므로 선줄로 생각하는 자는 넘어지기 쉬우니 조심하자, 사람이 감당할 시험 밖에는 너희에게 당한 것이 없나니 오직 하나님은 미쁘사 너희가 감당치 못할 시험 당함을 허락지 아니하시고, 시험당할 즈음에 피할 길을 내사 너희로 능히 감당하게 하신다." 그러기 때문에 신령한 것에 대하여 알지 못하기를 원하지 아니한다. 신앙생활은 신령한 것이다. 신령한 것을 사모해야 한다. 우리 조상들이 다 같은 신령한 식물을 먹으며 신령한 음료를 마셨으니, 이는 저희를 따르는 신령한 반석으로부터 마셨으니 그 반석은 곧 그리스도시다. 영적인 측면에서 신령한 것을 바라보면서 육신적인 유혹을 잘 이긴 것은 우리에게 큰 교훈이다. 그러기에 우상숭배를 피하고 신령한 생활을 해야 한다는 것이다.

특히 성만찬 할 때 먹는 떡과 잔은 그리스도의 몸이요, 그리스도의 피에 참여한 것이기에 거룩하게 참여해야 할 것이다. 주의 전과 귀신의 상을 겸할 수 없다. 모든 것이 가하나 모든 것이 유익한 것이 아니다. 시장에서 파는 것을 묻지 말고 먹고, 돈을 지급하고 산 것은 우상의 제물이라 말하지 말라. 그리고 교회 유익을 위하여, 하나님의 영광을 위하여 먹든지 마시든지 하라. 그리하여 많은 사람을 구원하게 하라.

11장은 교회 집회에 대한 문제에 해답을 주고 있다. 첫째는 여자들이 교회에서 수건을 쓰느냐, 안 쓰느냐 하는 것은 고린도 교회의 큰 숙제였다. 당시 유대인들은 기도할 때 수건을 썼다(근거는 미5:18). 그러나 헬라인은 수건을 쓰지 아니했다. 특기 고린도에서는 부도덕한 여자들이 짧은 머리를 하거나 수건을 쓰지 않은 채 돌아다니는 것은 자기 남편을 존중하지 않거나, 다른 남자를 유혹하려는 표시로 해석되었다. 그리고 교회의 질서, 가정의 질서를 지키라는 차원에서 수건 쓰는 일과 여성이 교회에서 잠잠하라고 교훈하고 있다. 더불어 성찬식을 말하면서 주님이 잡히시기 전에 가장 중요하게 여긴 떡과 포도주를 통하여 예수님의 피와 살을 기념하라는 것은 거룩하게 지키라는 것이다.

오늘 묵상의 말씀

사도 바울이 신앙의 본보기가 된 것처럼 나는 어떻게 신앙의 본보기가 되고 있는가?

은사와 은사 사용하기

12장은 은사 문제에 대하여 해답을 주고 있다. 은사 구분의 원칙과 은사의 성질과 올바른 사용 자세와 용도에 관하여 기록하고 있다.

먼저 은사를 분별하는 원칙은, 이방인으로 있을 때는 말 못하는 우상에게로 끌려다니는 것과 대비하여 예수 믿고 나서 은사는 '예수를 주라 시인하는 것과 하나님의 영의 역사에 끌릴 때만 되는 것'이라고 한다. 그러니까 성령의 은사는 얼마나 예수님을 주라고 잘 고백하는가 하는 것이 성령 받은 가장 좋은 은사라는 것이다. 둘째로 은사의 출처와 다양성이다. 은사는 성령께서 성부 하나님의 역사와 예수그리스도의 직임을 맡기신 의도에 합하게 각 사람에게 나누어 주었다. 그러기에 은사는 다양성이 있으나 통일성이 있다. 즉 몸에는 많은 지체가 있으나 한 몸을 이루는 것이다. 각자에게 지혜의 말씀을, 지식의 말씀을, 믿음을, 병 고치는 은사를, 예언함을 능력 행함을, 영들 분별함을, 각종 방언 말함을, 통역함을 주어서 이 모든 은사가 합력하여 통일성과 다양성으로 주님을 영화롭게 하는 것이다. 이는 온몸에 지체가 다 다르나 분쟁이 없고, 여러 지체가 서로 돌보면서 조화를 이루듯이 모든 은사가 한 교회를 이루는데 큰 조화를 이루어 하나님의 영광을 이루는 것이다. 그러면서 제일 큰 은사를 사모하라고 강조한다.

13장에서 가장 큰 은사는 '사랑'이라고 답을 주고 있다. 12장의 마지막에 '더욱 큰 은사를 사모하라'와 14장의 처음에 '신령한 것을 사모하라'라고 말하면서 그 중에 사랑은 '은사를 사용하는 제일 좋은 길(way, 방법)'이라고 말하고 있다. 즉 은사는 우리 모두 부족하고 연약하기 때문에 그것을 서로서로 돌보고 채워줄 수 있게 하려고 하나님께서 은혜로이 베푸신 선물이다. 그러기에 사랑이 없으면 가장 영광스러운 은사도 아무것이 아니며 어떤 열심도 아무 쓸모가 없고 유익이 안 되며, 하나님 앞에서 결코 인정받지 못한다.

그러면 사랑은 무엇인가? 사랑은 오래 참고, 온유하며, 투기하는 자가 되지 아니하며, 자랑하지 아니하며, 교만하지 아니하며, 무례히 행치 아니하며, 자기의 유익을 구치 아니하며, 성내지 아니하며, 악한 것을 생각지 아니하며, 불의를 기뻐하지 아니하며, 진리와 함께 기뻐하고, 모든 것을 참으며, 모든 것을 믿으며, 모든 것을 바라며, 모든 것을 견딘다.

14장은 영적 은사에 대한 교훈이다. 은사를 구할 때는 항상 사랑을 따라 구해야 한다. 그게 교회 덕이 되면 사람을 사랑하기 때문에 하는 것인지 항상 살펴야 한다. 특히 방언과 예언에 대하여 강조하는데, 공적인 모임에서 사용지침을 보면 다음과 같다.

<table>
<tr><th>방언의 경우</th><th>예언의 경우</th></tr>
<tr><td colspan="2">모든 것을 덕을 세우기 위해서 하라, 차서(예배 순서)를 따라 혼란이 없이 하라</td></tr>
<tr><td>다른 사람이 못 알아들으므로 통역을 해야 하며, 통역하는 자가 없으면 교회에서는 잠잠하라</td><td>방언과 달리 명료한 말로 가르치는 것이므로 듣는 사람들이 분별하도록 함</td></tr>
</table>

중요한 것은 지금까지 신령한 은사를 말하고 있는 모든 것이 주의 명령으로 알고 지키라는 것이다. 누구든지 자기를 신령한 줄로 여기며, 이 교훈들을 주의 명령으로 받아 자기를 고치며 순종하려 하지 않는 자는 '알지 못한 자', 곧 진리를 알지 못한 자라고 하여 겸손하게 교훈을 받아들일 것을 촉구하고 있다. 그러나 이것은 방언을 무시하는 것은 아니며 교회의 덕을 위하여 질서 있게 하는 것이 신자들의 덕목이다.

오늘 묵상의 말씀

은사를 사모하여야 하며, 은사 사용하기를 힘써야 하지만 누구를 위하여 사용해야 하나?

부활장과 마지막 권면

15장은 부활의 장으로 부활에 대한 사실을 잘 기록하고 있다. 당시 고린도 교회는 헬라 철학의 영향을 받아 육체적 부활을 인정하지 않은 분위기다. 그래서 두 가지 의심을 공공연하게 이야기하고 있었다. '죽은 자 가운데서 부활하는 것이 없다(15:12)'라는 것과 '죽은 자들이 과연 어떻게 다시 살며 어떠한 몸으로 오느냐(15:35)' 하는 것이다. 이 두 가지 의문에 답하기 위하여 첫째, 그리스도의 부활은 '복음의 메시지'에 의해 증거되고, 확증된 역사적 사실이다(15:1-4). 즉 예수님은 '성경대로' 우리 죄를 위하여 십자가에 못 박혀 죽으시고, 장사지낸 바 되었다가 '성경대로' 사흘 만에 다시 살아나셨다. 둘째, 그리스도의 부활은 '목격자들의 증거' 에 의해서 입증된 역사적 사실이다. 먼저 게바에게 보이시고 후에 열두제자에게 보이시고, 그 후에 오백여 형제에게 보이시고, 야고보, 그리고 모든 사도에게 보이시고, 부활하신 주님이 사도바울에게도 보여 주셨다. 그러면 '죽은 자들이 어떠한 몸으로 오느냐'하는 것이다. 여기에 대한 대답은 "곧 씨는 죽어야 되살아난다는 것과 또 되살아난 형체는 처음에 심어진 씨와 전혀 다른 모양의 것을 나타낸다. 이런 관점에서 보면 '우리는 죽음을 통과하여 살아날 것이며, 육의 몸으로 심으로 신령한 몸으로 다시 살게 된다'는 것이다. 이것은 그리스도 안에서 '하늘에 속한 자 '가 되었기 때문이다.' 즉 그리스도는 '살려주는 영'이 되셨기 때문이다. 그러므로 우리가 부활의 영광에 참여한다 해도 내가 남의 되는 것이 아니라 나의 인격적 개별성과 동일성은 유지된다. 그러므로 결국은 이 세상에서 내가 어떻게 살았느냐 하는 것이 결정된다(29:34). 그러기에 흔들리지 말고 항상 주의 일에 힘쓰는 사람이 되라는 것이다. 홀연히 나팔 소리에 순식간에 변화하여 다 그 나라에 들어가기 때문이다.

16장은 편지를 마무리하면서 예루살렘 교회에 보낼 연보 문제와 바울 자신의 미래의 계획을 설명하면서 문안과 축복의 내용을 기록하고 있다. 먼저 예루살렘 교회를 위하여 연보를 부탁하는 이유는 복음의 정통성을 주장하기 위해서이다. 사실 사도 바울이 이방 선교를 하면서 가장 큰 난제는 유대인의 방해이다. 그 이유는 바울은 성전을 무시하고, 할례를 무시하고, 유대인의 도를 무시한다고 알려진 것이다. 물론 1차 전도여행 때 613가지 규례를 4가지로(우상, 음행, 목매어 달아 죽은 것, 피) 이것 외에는 자유롭도록 결정해 주었다. 그런데도 할례 문제로 어려움을 당하니 예루살렘 교회에 외면당할 수도 있다. 그래서 그동안 선교한 교회가 모두 건강하게 복음을 잘 받아서 은혜가 풍성하게 자라고 있다는 것을 증명하고자 했다. 그래서 각 교회가 헌금을 모아서 경제적인 어려움을 당하고 있는 예루살렘 모 교회에 전달하면서 이런 오해를 다 씻고 싶었다. 그래서 교회가 성장하는 증거로 연보를 하도록 강조하는 것이다. 이렇게 연보에 대해 말하면서 고린도 교회 방문 계획을 말하고 있다. 그리고 아볼로 안부를 전하고 아시아에 있는 형제들이 그에게 안부 인사를 전하고 있다. 그리고 스데바나, 브드나도, 아가이고가 가지고 온 교회의 모든 문제를 차근차근 답을 적어 보내게 된 것을 감사하고 이 편지를 통하여 부족한 면을 채워서 '나의 마음은 시원하게 한 사람들이니 편지를 잘 읽고 이해하라'라는 것이다. 이를 통하여 믿음에 굳게 서서 남자답게 강건하며, 서로 모든 일을 사랑 안에서 잘 행하여 교회의 건덕을 유지하며 서로 잘 돌보라고도 덧붙였다.

오늘 묵상의 말씀

교회의 핵심적인 믿음의 가치는 무엇이며, 일상생활의 문제를 어떻게 정리해야 할까?

사도의 직분과 향기

1장은 자신의 사역과 사도권에 대한 정체성을 말하고 있다. 사도 바울은 먼저 자신이 당한 심한 환난에 대하여 말하고 있다. 아시아에서 복음을 전파하다가 심한 고생을 받아 살 소망까지 끊어지고 사형선고를 받은 줄로 생각했다. 이를 통하여 배운 것은 자기를 의뢰하지 말고 오직 죽은 자 가운데서 다시 살리시는 하나님만 의뢰하는 것이다. 그런데 고린도 교회에 방문하는데 성도들의 오해가 있었다. 사도 바울은 에베소에서 가는 길에 고린도를 먼저 방문하고 그 후, 마게도냐로 다시 갔다가 돌아오는 길에 고린도를 들를 계획이었다. 그러나 바울이 그 계획을 변경하여 에베소에서 고린도로, 곧바로 마게도냐로 다시 갔다. 여기에 대한 오해 때문에 신실하지 못하다는 비난이 있기에 변명을 한다. 1) 첫째는 육체의 편리를 따라 계획을 변경하지 않고 하나님의 뜻을 따라 변경했다고 한다. 2) 그 여정을 바꾼 이유는 바울에 반대하는 자들이 문제를 일으킨 사건이 있어서 서로 감정이 극도로 악화되어 있기 때문에 그 사건을 피하고자 일부러 일정을 바꾸었다는 것이다.

2장은 그리스도의 향기에 대하여 기록하고 있다. 고린도 교회에 들렀을 때, "너희 죄 때문에 너희를 책망하고 근심하게 하였으니, 너희가 회개함으로써만 나를 기쁘게 할 수 있다"라고 확고한 의지를 말하고 있다. 이렇게 눈물로 편지를 썼으며 그들이 고통과 아픔을 자신의 아픔으로 여기면서 애통해했다. 고린도 교회를 방문할 때 근심하지 않기 위함이라는 것이다. 그리고 디도를 통하여 고린도 소식을 듣기 위하여 마게도냐로 갔다.

이런 정황에서 바울이 전하는 복음은 '이 사람에게는 사망으로 좇아 사망에 이르는 냄새요, 저 사람에게는 생명으로 좇아 생명에 이르는 냄새로' 하나님 앞에서 그리스도의 향기로 나타나기를 바란다는 것이다.

3장에서 사도 바울은 사도직과 새 언약에 대하여 말하고 있다. 바울 자신은 사도가 아니라고 비난하는 자들이 있다 하더라도 그것 때문에 낙심하거나 걱정하는 것이 아니라 살아계신 하나님께로서 난 것으로 새 언약의 일꾼이 되었으니 만족한다는 것이다. 이것은 의문(letter)으로 한 것이 아니라 영으로 한 것이라고 말하고 있다. 구약의 율법은 수건을 가린 것같이 희미한 영광이지만 신약의 사도직은 그 얼굴에서 수건을 벗은 것과 같이 확실한 큰 영광이라는 것이다.

4장에서는 사도직은 오직 예수 그리스도를 증거하는 것인데, 이를 통한 고난과 영광을 기록하고 있다. 바울이 받은 복음 전파의 직분은 오직 하나님의 긍휼에 의한 것이기에, 유대 율법주의자들이나 이방 지성인의 반대와 조소에도 낙심하지 않겠다는 것이다. 복음의 광채가 가지 아니하는 것은 이 세상 신 곧 사단이 사람들의 마음을 혼미케 해 소경이 되게 하여 복음의 빛을 보지 못하게 함으로써, 그리스도의 영광의 광채가 비치지 못하게 되었다. 그러나 분명한 것은 우리가 우리 자신을 전파하는 것이 아니라, 오직 그리스도가 주가 되신 것과 예수를 위하여 자신이 고린도 교회 성도들의 종이 되었다. 그리고 이 보배를 질그릇인 자신의 연약한 육체를 통하여 전하게 되었다는 것이다. 그래서 비록 연약하여 질그릇 같지만, 여기에 보화를 담았으니 사방으로 우겨쌈을 당하여도 싸이지 아니하며, 답답한 일을 당하여도 낙심하지 아니하며, 버린바 되지 아니하며 거꾸러뜨림을 당하여도 망하지 않는 비밀을 알고 있다. 이는 생명이 우리 안에 있기 때문이다. 그러기에 '우리 겉 사람은 후패하나 우리의 속사람은 날로 새롭도다'라고 신앙고백을 하고 있다.

오늘 묵상의 말씀

내 속에 있는 보화는 어떤 것이며 그 가치는 어느 정도인가?

사도직 충실과 연보

5장은 겉사람과 속사람의 비유를 '땅의 장막과 하늘의 집'으로 비교하여 현세와 내세의 생명을 대조하여 영원한 생명에 대한 소망을 잃지 않도록 격려하고 있다. 땅에 있는 장막집은 사람의 육체를 가리키며 동시에 이것은 인간의 연약성, 무가치성, 임시성을 의미하고 또한 하늘에 있는 영원한 집은 부활 후에 성도들이 거하게 될 영원한 나라, 곧 하나님의 통치가 완전하게 임하게 될 '하나님 나라'를 의미한다. 그러므로 바울이 이 두 사실을 비교할 것은 비록 이 세상에서 살 때 고난을 받고 환난을 당한다 하더라도 용기를 잃지 말고 하나님 나라의 영광을 바라보며 끝까지 경건하게 살아야 할 것을 암시하고 있다. 이렇게 할 수 있도록 성령으로 우리에게 보증을 주신 이는 하나님이시니 참으로 감사할 뿐이다. "그러므로 우리가 거하든지 떠나든지 주를 기쁘시게 하는 자 되기를 힘쓰노라." 하나님께서 그리스도로 말미암아 우리를 자기와 화목하게 하시고, 우리에게 화목하게 하는 직책을 주셨고, 화목하게 하는 말씀을 우리에게 부탁했다. 이 일을 위하여 부름을 받았다는 것이다.

6장은 사도된 자의 참된 모습을 기록하고 있다. 화목하게 하는 직책을 언급하고 지금이야말로 은혜받을 만한 때요, 구원을 얻을 때라는 말씀을 인용하면서 화해를 강조하고 있다. 사도 바울은 하나님의 일꾼으로 자천하여 많이 견디는 것과, 환난과, 궁핍과, 곤란과, 매 맞음과, 갇힘과, 요란한 것과 수고로움과 자지 못함과 먹지 못함을 비롯한 여러 어려운 일을 당해도 자신에 대하여 사도가 아니라고 비방하는 자들을 따뜻한 사랑으로 권면하면서 자신의 행위를 드러내 보임으로 그리스도의 사도임을 나타낸 것이다.

7장은 디도를 통하여 고린도 교회가 회개했다는 소식을 듣고 있다. 사실 사도 바울은 마게도냐에 이르렀을 때, 사방으로 환난을 당하여 밖으로는 다툼이요, 안으로는 두려움이 있었다. 외부로는 유대주의가 계속 박해하는 가운데 복음을 전하는 중에 많은 핍박을 이겨야 한다. 그런가 하면, 그가 개척한 교회가 그를 부인하며 그가 전한 복음을 부인하는 것인데, 그렇게 되면 교회가 무너지기 때문에 마음으로 고통이 심했다. 그런데 디도를 마게도냐에서 만났을 때, 고린도 교회의 일이 해결되었다고 하니 큰 위로를 받았다. 그러니 하나님의 뜻대로 하는 근심은 후회할 것이 없는 구원에 이르게 하는 회개를 이루는 것이요, 이로 인하여 너희 자신이 깨끗함을 받은 것이 얼마나 기쁜지 모른다는 것이다.

8장은 연보에 대하여 집중적으로 언급하고 있다. 이제 고린도 교회 문제가 해결되었다는 것을 알고 바울은 연보에 대해 이야기하고 있다. 1) 예루살렘 교회의 가난과 어려운 정황을 잘 이겨야 하기 때문이다. 2) 사도 바울에게는 이방인의 복음 전파가 정당성을 인정받기 위함이다. 왜냐하면, 이방지역에서 할례를 중요시하는 수만 명이 사도바울을 반대한다고 예루살렘 교회가 인정하면 세계 복음화의 길이 멀어진다. 그래서 지금까지의 복음전파의 정당성을 주장하려면 그 교회에서 후원금을 모아서 사도 바울에게 복음을 받은 교회가 건강하게 성장하고 있다는 것을 입증해야 했다. 그래서 예루살렘 교회의 어려운 형편을 도우면서 연보를 보내고 싶은 마음을 솔직하게 표현하고 있다. 마게도냐 교회도 헌금을 넘치게 했다고 강조하면서 은혜에 풍성하게 하라고 이야기한다. 이것은 "너희 사랑의 진실함을 증명코자 함"이다.

9장은 8장에 이어서 헌금할 필요성과 헌금하는 자세를 말해주고 있다. 억지로 하지 말고 잘 준비했다가 즐겁게 헌금하라는 것이다. 하나님이 능히 모든 은혜를 너희에게 넘치게 하시나니 이는 너희로 모든 일에 항상 모든 것이 넉넉하게 모든 착한 일에 넘치게 하라는 것이다.

오늘 묵상의 말씀

사도바울이 사도의 정체성을 확실하게 하려고 명심하여 지킨 내용은 무엇인가?

사도권의 확립

10장부터 12까지 사도 바울은 자신에게 사도권이 있다는 것을 기록하고 있다. 10장에서는 고린도 교회 자체가 바울의 자랑이요 사도권에 대한 확신이라는 것이다. 고린도 교회에 대하여 대면하며 겸비하고 떠나 있으면 담대한 나 바울, 이 말은 '바울 속에서는 올바른 교회를 세우려고 확신에 찬 교회관이 정립되어 있다. 그러나 사람을 만날 때는 정서적으로 그들을 지원하기 때문에 항상 겸비한 모습으로 만나고 있다. 그래서 어려운 이야기를 잘못한다. 이유는 고린도 교회를 사랑하기 때문이다. "그 편지들은 중하고 힘이 있으나, 그 몸으로 대할 때는 약하고 말이 시원치 않다"라고 말하는 그 자체가 이것을 입증한다. 고린도 교회는 사도바울의 모든 인생을 쏟은 곳이기에 자랑스럽고 이게 사도직에 대한 긍지이다.

11장은 고린도 교회의 거짓 사도들과 자신의 모습을 비교해 볼 때 자신이 참 사도라고 기록한다. 열심히는 정결한 처녀로 남편인 그리스도께 중매하듯 했고, 그러나 거짓 선지자는 그리스도를 떠나 부패하도록 했다. 그리스도의 사도로 사도 바울은 그리스도의 영을 받았고, 거짓 선지자는 다른 영을 받아 그리스도로 가장하나 궤휼의 역군이요, 거짓 사도이다. 그들은 육신을 자랑한다. 물론 사도바울은 그들 못지않은 자랑거리가 있다.

그들이 히브리인이면 나도 히브리인이며, 그들이 이스라엘인이면 나도 그러하며, 그들이 아브라함의 씨면 나도 그러하다. 그들은 광명의 천사로 가장하여 일을 복음을 위하여 육신적은 고통을 당하지 아니했다. 그러나 사도바울은 옥에 갇히기도 하고 매도 수없이 맞고 여러 번 죽을 뻔했고, 40에 하나 감한 매를 5번 맞았고, 세 번 태장을 맞았고, 한 번 돌로 맞고, 세 번 파선하는데 일 주야를 깊음에 지냈고, 여러 번 여행에 강의 위험, 강도의 위험, 동족의 위험, 이방인의 위험, 광야의 위험, 바다의 위험, 거짓 형제의 위험을 당하면서 목마르며, 춥고, 배고프고, 헐벗었다.

이 외의 일을 고사하고 오히려 날마다 내 속에 눌리는 일이 있으니, 곧 모든 교회를 위하여 염려하는 것이다. 이것이 사도의 확실한 증거가 아니겠냐는 것이다.

12장은 사도권에 대한 증표를 말하고 있다. 사도권에 대한 확실할 증표를 보여주기 위해 부득불 자랑하는데, 14년 전 셋째 하늘에 이끌려 간다. 그가 낙원으로 이끌려 가서 말할 수 없는 말을 들었는데, 이는 사람이 감당하기 어려운 기적인데 하나님은 다 아신다. 그 외에 여러 계시를 받은 것이 지극히 크므로 너무 자고하지 않게 하도록 내 육체에 가시를 주었다는 것이다. 그러므로 "내가 그리스도를 위하여 약한 것과 능욕과 궁핍과 핍박과 곤란을 기뻐하노니 이는 내가 약할 그 때에 곧 강함이니라(고후12:10)"라고 말하고 있다.

13장은 사도바울은 제3차 전도여행 방문 계획을 발표하면서 그때까지 고린도 교회의 모든 문제가 해결되어 책망할 것이 없기를 바란다고 강하게 말하고 있다. 그러면서 마음을 살펴보라고 한다. '너희가 믿음에 있는가, 너희 자신을 시험하여 보라. 너희 자신을 확증하라. 예수 그리스도께서 너희 안에 계신 줄을 너희가 스스로 알지 못하느냐, 그렇지 않으면 너희가 버리운 자니라. 우리가 버리운 자 되지 아니할 것을 너희가 알기를 내가 바라고, 우리가 하나님께서 너희로 악을 조금도 행하지 않게 하시기를 구하노니, 이는 우리가 옳은 자임을 나타내고자 함이 아니라. 오직 우리는 버리운 자 같을찌라도 너희로 선을 행하게 하고자 함이라(13:5-7).'

그리고 마지막으로 교회에 부탁하는 내용은 1) 기뻐하라 2) 온전하라 3) 위로를 받으라 4) 마음을 같이하라 5) 축복기도로 마무리하고 있다. 이로써 사도의 정체성을 보여준다.

오늘 묵상의 말씀

사도바울이 복음 전파하는 중에 꼭 이행해야 할 과제로 염두에 둔 것은 무엇인가?

복음의 시작

1장은 복음이 무엇인지 최종정리하고 있다. 제3차 여행 중 3개월간 고린도에 머무르게 되었을 때 고린도 교회의 문제가 홀가분하게 해결되었음을 감사하면서 세계복음화의 꿈을 그려 본다. 저 아드리아 바다 건너편인 로마를 바라보면서, 세계 복음화를 구상 중에 복음의 핵심내용과 실천 내용을 정리하고 있다.

먼저 예수 그리스도의 복음을 정리하고 있다. 이는 선지자들을 통하여 성경에 약속하신 것인데, 육신으로는 다윗의 혈통이요, 성결의 영으로는 죽은 자들 가운데서 부활하신 능력으로 하나님의 아들로 선포된 예수 그리스도라는 것이다.

로마 교회의 성도들이 신앙생활에 충실히 하고 있음을 감사하며, 자신은 로마 방문을 위해 오래전부터 쉬지 않고 기도하고 있었다. 이는 세계 모든 민족에게 복음을 전하는 것인데, 그 이유는 '모든 믿는 자에게 구원을 주시는 하나님의 능력(1:16)'을 전하기 위해서이다. 이 복음이 꼭 로마에 전달되어야 하는 이유는 사람들이 불의가 가득하여 하나님께서 그 마음의 정욕대로 더러움에 내어 버려두셨으니 그들의 마음을 욕되게 하여 순리대로 성 윤리를 쓰지 않고 역리로 사용하며, 또 마음에 하나님 두기를 싫어하매 그대로 내버려 두어 모든 불의를 하여 사형에 해당하는 죄를 짓게 되었다고 한다.

2장은 하나님의 심판을 말한다. 모든 사람은 그 행위대로 심판을 받는다. 유대인이라고 해서 특별히 심판에서 면제되는 것은 아니다. 선한 자에게는 영원한 생명을 주신다(2:7). 선한 자는 하나님의 영광과 그가 주시는 존귀, 그리고 썩지 않을 것을 구하는 자이다. 그러나 반대로 불의한 자에게는 하나님의 무서운 벌을 내린다. 하나님의 심판 기준은 율법이다. 그러나 이방인은 양심의 법이 있다. 그런데 심판의 새로운 기준은 예수 그리스도라는 것이다. 할례가 구원을 주는 것이 아니라 예수 그리스도를 믿는 사람이 구원을 받는다는 것이다.

3장은 예수그리스도를 믿음으로 구원받는다는 것을 기록하고 있다. 그러면 유대인이 나음이 무엇이냐고 따지고 있다. 유대인은 누구보다도 장점이 있다. 그래서 세 가지 질문을 한다.

첫 번째 질문은 '유대인이 하나님의 말씀을 맡았는데 심판을 받아야 하는가?'이다. 여기에 대한 해답은 물론 유대인이 하나님의 말씀을 맡은 특권을 부여받았다. 유대인들은 출애굽기 19장 5-6절의 언약을 시내 산에서 받은 백성이다. 이 특권은 유대인이 다른 민족보다 더 나은 민족이기 때문이 결코 아니다. 다만 하나님이 그들에게 특권을 준 것이다. 그런데 그들은 오히려 교만했다. 스스로 거룩한 백성이라고 칭하기만 했지 말씀대로 살지 아니했다. 그래서 그들은 언약을 지키지 아니했기 때문에 심판을 받는다.

두 번째 질문은 '유대인들이 예수그리스도를 믿지 않는다고 해서 이스라엘을 구원하시겠다고 약속하신 하나님의 약속이 무효입니까?'라는 질문에 바울은 성실히 대답한다.

하나님은 참되시니 신실하기 때문에 그 약속을 지키실 것이다. 그러나 모든 믿는 사람은 구원하는 것이 아니라, 예수를 주님으로 믿는 사람만 구원한다. 중요한 것은 '의인은 없다'는 것이다. 모든 사람은 죄인이다. 깨닫는 자도 없고, 하나님을 찾는 자도 없다. 다 치우쳐 한가지로 무익하게 되었다. 모든 사람이 죄를 범하였으매 하나님의 영광에 이르지 못했다. 율법을 행함으로 구원을 얻을 수 없게 되었다. 그래서 율법 외에 한 의가 나타났는데, 이는 율법과 선지자들의 증거를 얻은 것인데 곧 예수 그리스도를 믿음으로 말미암아 모든 믿는 자들에게 하나님의 차별이 없이 나타났다. 이 예수를 하나님이 그의 피로 인하여 믿음으로 말미암는 화목제물로 세우셨으니 이는 하나님이 오래 참는 중에 전에 지은 죄를 간과하심으로 하나님의 의를 나타낸 것이다.

오늘 묵상의 말씀

예수 믿는 자에게 장점은 무엇인가?

믿음의 시작에서 성화까지

4장에서는 세 번째 질문이 이어진다. '육신의 조상인 아브라함이 어떻게 구원을 받았느냐'는 것이다. 아브라함도 하나님을 믿을 때 의로 여기심을 받았다(창 15:6). "기록된바 내가 많은 민족의 조상으로 세웠다 함과 같으니 그의 믿음 바 하나님은 죽은 자를 살리시며 없는 것을 있는 것같이 부르시는 이시니라. 아브라함이 바랄 수 없는 중에 바라고 믿었으니 이는 네 후손이 이같으리라 하신 말씀대로 많은 민족의 조상이 되게 하려 하심을 인함이라. 그가 백세나 되어 자기 몸의 죽은 것 같음과 사라의 태의 죽은 것 같음을 알고도 믿음이 약하여지지 아니하고 믿음이 없어 하나님의 약속을 의심치 않고 믿음에 견고하여져서 하나님께 영광을 돌리며, 약속하신 그것을 또한 능히 이루실 줄을 확신하였으니, 그러므로 이것을 저에게 의로 여기셨느니라. 저에게 의로 여기셨다 기록된 것은 아브라함만 위한 것이 아니요, 의로 여기심을 받을 우리도 위함이니 곧 예수 우리 주를 죽은 자 가운데서 살리실 이는 믿는 자니라. 예수는 우리 범죄 함을 위하여 내어줌이 되고 또한 우리를 의롭다 하심을 위하여 살아나셨느니라."

5장은 그러므로 우리가 믿음으로 의롭다 하심을 얻을 수 있기에 그리스도로 말미암아 하나님으로 더불어 화평을 누리자는 것이다. 우리가 예수그리스도를 믿음으로 하나님의 은혜에 들어갔으며, 하나님의 영광을 바라고 즐거워하게 되었다. 이뿐 아니라 환난 중에서 즐거워할 수 있는데, 이는 환난은 인내를, 인내는 연단을, 연단은 소망을 주기 때문이다. 이 소망이 우리에게 부끄럽지 아니한 것은 성령으로 우리 마음에 하나님의 사랑을 부어 주신바 되었기 때문이다. 특별히 3가지 경우에 하나님의 사랑이 부은바 되었다. 1) 우리가 아직 연약했을 때(5:6), 2) 우리가 아직 죄인 되었을 때(5:8), 3) 우리가 아직 원수 되었을 때를 위하여 예수님이 죽으심으로 하나님과 화평을 누리고, 부활을 통하여 구원하셨고, 믿음으로 화목하게 하셨다. 이러므로 한사람 아담으로는 죄가 이 세상에 들어와서 왕노릇 했는데, 예수그리스도 한 사람의 순종으로 말미암아 많은 사람이 의롭게 되었고 영생에 이르게 되었다.

6장은 구원 이후의 생활에 대하여 기록하고 있다. 구원받은 자는 죄를 짓지 말아야 한다. 그런데 율법으로부터 자유로워졌다 하여 곡해하고 각종 죄에 방종했다. 이것을 해결하는 중요한 방법은 그리스도와 연합하는 것이요, 성령의 인도하심을 따라가는 것이다. 그 중요한 사건이 세례이다. 세례받는 것은 '그리스도와 함께 장사지낸바 되고(골2:12), 그리스도와 함께 다시 살아난 것이다. 그러므로 성도는 죄의 욕망을 따라 사는 것이 아니다. 죄를 다스려야 한다. 성도는 더 이상 죄의 종이 아니라, 하나님의 종이다. 죄에 복종하는 것이 아니라 하나님께 복종하는 것이다. "이제는 너희가 죄에서 해방되고 하나님께 종이 되어 거룩함에 이르는 열매를 얻었으니 이 마지막은 영생이라." 이 영생을 얻었다는 것이다.

7장은 성도의 갈등과 승리에 대하여 기록하고 있다. 예수님을 믿고 있음에도 불구하고 율법이 있어서 항상 죄가 생각나서 성도를 괴롭힌다. 이것은 마치 결혼하기 전에 율법이 남편이었다면, 예수를 믿으면 예수님이 나의 남편이다. 그렇다면 옛날 남편과의 관계는 죽이고, 이제는 예수로 말미암아 옛날은 잊어버리고, 죄의 욕망을 잊어버리고 하나님과 연합하여 열매 맺으며 하나님을 기쁘시게 하는 인생을 사는 것이다. 이 두 사이에서 하늘나라 갈 때까지는 싸우는 것이 현재의 교회이다. 교회는 육신의 욕망을 벗어버리고 구원의 열매를 맺기 위하여 영적 전투하는 것이다. 육신에 속하여 죄에 팔리지 않고, 하나님의 사람으로 하나님의 법을 즐거워하며 하나님의 영에 사로잡히기 위한 몸부림이 필요하다.

오늘 묵상의 말씀

나의 믿음 생활은 지금 어떤 상태인가?

성령의 법과 구원받은 사람

8장은 인생의 해답은 예수 그리스도라고 선언하는 내용이다. 그리스도 예수 안에 있는 자에게는 결코 정죄함이 없다. 왜냐하면, 성령의 능력으로 우리를 죄에서 해방했기 때문이다. 우리에게 그 선택권이 있다. 육신을 좇아 살 것인가, 성령을 쫓아 살 것인가? 육신을 좇아 살면 죄악된 일만 하고 하나님의 말씀에 복종하지도 않고 복종할 수도 없다. 그리하여 하나님과 원수가 된다. 그러나 영적인 사람은 영의 일을 생각하며 성령을 따라 산다. 그는 생명과 평안을 누리게 된다. 성령이 그 속에 거하게 되면 하나님의 뜻을 따라 하나님을 기쁘시게 하게 된다. 그래서 우리가 성령의 길을 선택하면 그리스도의 사람이 되어 그리스도가 그 사람 안에서 살면서 일하시게 된다. 그런 사람은 하나님을 '아빠 아버지'라 부르는 특권을 갖는다. 이들은 아버지의 사랑 안에 있으므로 모든 것이 합력하여 선을 이루게 된다. 그래서 이들은 이렇게 고백할 수 있다. "누가 우리를 그리스도의 사랑에서 끊을 수 있으랴, 환난이나 곤고나 박해나 기근이나 적신이나 위험이나 칼이랴. 이 모든 일에 우리를 사랑하시는 이로 말미암아 우리가 넉넉히 이기느니라(8:35, 37)."

9장은 동족인 유대인이 구원받지 못한 것에 대한 안타까움을 근심하고 있다. 이유는 유대인들은 예수그리스도 없이 구원을 받을 수 있다고 착각하고 있다. 이스라엘 백성들의 잘못된 생각은 '자기들은 택한 백성이요, 이방인은 개(dog, 마 15:26)'라고 생각하는 것은 착각이다. 하나님은 모든 백성의 하나님이시다. 유대인은 선민사상으로서 참된 아브라함의 후손이라고 하지만 그것은 믿음으로 결정되는 것, 즉 하나님의 주권에 대해서 아무도 항변할 수 없는 진리를 받아들일 때만이 참된 복음의 역사가 일어난다. 즉 구원은 육신의 자녀가 아닌 약속의 씨로 말미암는 것이다.

10장은 믿음으로 말미암아 구원에 이른다는 것을 한 번 더 강조하고 있다. 그런데 유대인은 하나님에 대한 열심이다. 그러나 그 열심은 바른 지식에서 나온 것이 아니다. 그들은 하나님이 참으로 원하시는 것이 무엇인지 모르고 자기들의 방법대로 살려고 한다. 하나님의 의를 따라 살지 않는다. 예수님이 율법을 완성하셨다. 그러므로 이제는 율법에 더 매일 필요가 없다. 더는 율법으로 고민하지 않아도 된다. 믿음으로 구원을 얻는다. "만일 입으로 예수를 주로 시인하며 또 하나님께서 그를 죽은 자 가운데서 살리신 것을 네 마음에 믿으면 구원을 받는다. 사람이 마음으로 믿어 의에 이르고 입으로 시인하여 구원에 이른다." 누구든지 주의 이름을 부르는 자는 구원을 받는다. 이런 말씀에 순종하지 못하고 거슬리는 유대인들이 안타까운 것이다.

11장은 남은 이스라엘을 구원하시는 하나님에 대하여 설명하고 있다. 그러면 하나님이 자기 백성을 버리셨느냐? 그렇지 않다. 하나님은 남겨 두신 자를 말씀하신다. 바알에게 무릎 꿇지 아니한 7,000명이 있다. 하나님은 자기 백성을 선택하신 사람만 구원하신다. 이 선택은 인간의 행위를 기준으로 한 것이 아니라 순전히 하나님의 뜻에 의한 선택이다.

그러면 이방인이 모두 멸망하는가? 그게 아니다. 하나님은 끝까지 참고 기다리신다. 하나님은 그의 신실하심으로 이스라엘을 기다리신다. 그리하여 '이방인의 충만한 수가 들어오면' 온 이스라엘은 구원을 얻게 된다. 그러므로 성도들은 하나님을 찬송하며 살아야 한다. 이렇게 하여 신앙의 원리를 11장까지 마감하고 12장부터 16장까지는 실천 내용을 기록하고 있다.

오늘 묵상의 말씀

진정한 하나님의 구원 방법은 무엇인가?

성도의 실천 내용

12장은 구원받은 성도의 실천내용에 대하여 기록하고 있다. 실천내용은 1) 하나님의 하나님에 대하여, 2) 성도에 대하여, 3) 교회에 대하여, 4) 사회와 이웃에 관한 실천내용을 다루고 있다.

첫째, 하나님에 대하여는 자기 몸을 항상 하나님이 기뻐하시는 '거룩한 산제사'로 드리는 것이다. 이를 위하여 항상 마음을 새롭게 하여 변화를 받으라고 한다. 항상 하나님에게 유익이 되게끔 생활을 거기에 맞추라는 것이다.

둘째, 이웃 성도를 위하여 믿음의 분량대로 지혜롭게 살아서 피차에 유익에 되게 하는 것이다. 성도는 교회의 서로 지원하는 한 지체이다. 그래서 각양 은사대로 하되 교회의 유익을 위하여 지원한다.

셋째, 교회에서는 먼저 그리스도의 사랑을 본받는 자가 되어 악을 미워하고 선한 일을 행하라. 또한, 겸손하여 서로 우애하고 존경하기를 먼저 해야 한다. 주를 섬기는 일에 게으르지 말고 열심히 주를 섬겨야 한다. 소망으로 즐거워해야 한다. 환난을 참으며 핍박하는 자에 대해 하루에 일곱 번까지 용서하며 산다. 원수에 대해서도 사랑하는 마음으로 산다.

13장에서는 구원받은 성도는 먼저 권세는 하나님께서 주셨기 때문에 권력자에게 순종해야 한다고 기록한다. 율법의 완성인 사랑을 피차간에 행해야 하며, 끝으로 성도는 종말을 준비하되 주 예수 그리스도의 옷 입어 준비하는 생활을 해야 한다. 종말을 기다리는 마음으로 성도들은 살아야 한다. 1) '자다가 깰 때'라는 것이다. 2) 죄와 고통 가운데서 어렵게 생활하던 밤이 깊어 이제는 예수 그리스도의 빛에 거할 수 있는 아침이 올 때가 되었기 때문이다. 3) 그러므로 성도는 모든 죄악된 생활을 벗어버리고 빛의 갑옷을 입어야 한다. 낮과 같이 단정히 행하고 방탕하거나 술 취하지 말며 음란하거나 호색하지 말며 다투거나 시기하지 말고 정욕을 위해 육신의 일을 도모하지 말아야 한다. 성도는 죄를 다스리고 오직 성령의 충만함을 받아야 한다. 그리스도로 옷 입어야 하는데 이 말은 예수그리스도와 한 몸을 이루라는 것이다.

14장은 성도들은 서로 비판하지 말라는 내용과 형제들끼리 서로 거리끼게 하지 말라는 내용이다.

첫째는 비판하지 말라는 부탁을 하고 있다. 1) 음식 먹을 때 믿음이 연약한 자는 채소만 먹고, 어떤 사람은 모든 것을 먹을 만한 믿음이 있다. 서로 업신여기거나 비판하지 말라. 하나님 나라는 먹는 것과 마시는 것이 아니요, 오직 성령 안에 있는 의와 평강과 희락이라. 2) 남의 하인을 비판하지 말라, 3) 이날을 저 날보다 낫게 여기지 말라. 날을 중히 여기는 자도 먹는 자도 다 주를 위함이니 이는 하나님께 감사함이요, 먹지 않는 자도 자 주를 위하여 먹지 아니하며 하나님께 감사하느니라. 4) 형제를 업신여기거나 비판하면 하나님의 심판대 앞에 서리라. 5) 그런즉 우리가 다시는 서로 비판하지 말고 도리어 부딪칠 것이나 거칠 것을 형제 앞에 두지 아니하도록 주의하라.

둘째는 형제로 거리끼게 하지 말라는 것이다. 그런즉 우리가 다시는 서로 비판하지 말고 부딪칠 것이나 거칠 것을 형제 앞에 두지 아니하도록 주의하라. 1) 속된 것이 없으되, 속되게 여기는 그 사람에게는 속되느니라. 음식으로 말미암아 근심하게 되면 이는 네가 사랑으로 행하지 아니함이라. 그리스도께서 죽으신 형제를 네 음식으로 망하게 하지 말라. 2) 우리가 화평의 일과 서로 덕을 세우는 일을 힘쓰나니 음식으로 말미암아 하나님의 사업을 무너지게 하지 말라. 만들어 다 깨끗한데 거리낌으로 먹는 사람에게는 악한 것이다. 3) 의심하지 말라, 의심하고 먹는 자는 믿음이 없느니라.

오늘 묵상의 말씀

믿음 생활의 실천 내용 중 중요한 내용을 열거해보자. 무엇이 가장 중요할까?

성도의 실천 내용(2)

15장은 선을 이루고 덕을 세우라는 내용이다. 1) 믿음이 강한 자는 믿음이 약한 자의 약점을 담당하고 자기를 기쁘게 하지 말라. 2) 우리 각 사람이 이웃을 기쁘게 하되, 선을 이루고 덕을 세우도록 하라. 3) 성경을 읽는 자는 교훈을 받을 수 있는데, 우리로 하여금 인내와 성경의 위로로 소망을 가질 수 있다. 4) 그러므로 이제 인내와 위로의 하나님이 너희로 그리스도 예수를 본받아 서로 뜻이 같게 하여 주시고 한 마음과 한 입으로 하나님께 영광을 돌리게 된다.

예수님의 사역을 두 가지로 보면 1) 할례의 추종자가 되었다. 할례받은 자들 가운데서 태어났고, 친히 할례를 받으셨다. 이는 하나님의 약속(창22:17, 18)의 확실성을 보여 주시기 위함이다. 그래서 마태는 예수 그리스도를 가리켜 '아브라함과 다윗의 자손 예수 그리스도'라고 말했다(마1:1). 2) 이방인들도 그 긍휼로 주의 백성과 함께 구원받고 하나님을 찬송하며 하나님께 영광을 돌릴 수 있는 특권을 주었다는 사실이다. 사도 바울은 이 예수님의 사역을 기초로 하여 이방인에게 복음을 전하는 이유를 강하게 설명하고 있다. 이런 은혜를 누리도록 사도바울로 이방인의 일꾼으로 만들어 하나님의 복음의 제사장 직분을 감당하게 하셨고, 이를 위하여 예루살렘에서 일루리곤(지금의 알바니아, 한때는 달마디아로 불리곤 했다)까지 편만하게 복음을 전했는데 이유는 남의 터 위에 건축하지 아니하듯이 복음이 전달되지 아니한 곳에 복음을 전하는 것이 사도바울의 사명이다. 그러기에 이제 마지막으로 그는 땅끝인 서바나에 복음을 전하러 가는데, 그 도중에 로마에 들르겠다는 것이다. 이때 경비가 필요하니 로마교회가 새로운 전도여행의 후원자가 되어 주기를 바란다는 것이다(15:24). 이를 통하여 사도행전 1장 8절의 주님의 소원인 땅끝까지 복음을 증거하려면 무엇보다도 세계의 중심부인 로마에 있는 성도들의 기도와 후원이 절실하게 필요한 것이다. '너희의 기도에 나와 힘을 같이하여 나를 위하여 하나님께 빌어… 나로 하나님의 뜻을 좇아 기쁨으로 너희와 함께 편히 쉬게 하리라(15:30, 31).'

16장은 먼저 로마 교회에 방문하기 전에 부탁의 말씀과 문안인사를 기록하고 있다. 1) '뵈뵈'는 겐그리아 교회일꾼인 그에게 이 편지를 보내니 잘 환대해주기를 부탁한다. 2) '브리스가 와 아굴라'는 문안하고 있다. 그는 황제 글라우디오의 추방 명령에 따라 로마에서 추방되어서 고린도에 왔었다. 이때 바울은 2차 전도 여행 중이었는데, 거기서 그 부부를 만났다. 그 후 에베소에까지 동반했다. 앞으로 미리 로마에 가기 위하여 선발대를 보내었는데, 브리스가 부부가 먼저 가서 복음을 전하고 있다. 그래서 그들은 목을 내어놓은 사람이라고 칭찬하고 있다. 3) 아시아에서 처음 열매 맺은 사랑하는 에배네도 역시 돌에 맞아 죽는 위기에서 생명을 걸고 복음 전할 때 맺은 열매이기에 특별히 소중하다. 4) 나를 위하여 많이 수고한 마리아, 5) 사도들에게 존중받고 있으며 사도바울보다 먼저 예수 믿은 자 안드로니고와 유니아, 6) 고린도 교회에서 재무관을 한 에라스도, 7) 바울을 대신하여 로마서를 기록한 사람 더디오를 비롯한 많은 믿음의 동역자에게 문안 인사를 부탁하고 있다.

마지막으로 권하는 말씀은 1) 분쟁을 일으키거나 거치게 하는 자들에게서 떠나라. 2) 자기의 배만 섬기거나 교활한 말이나 아첨의 말로 순진한 자들을 미혹하게 하는 자들을 떠나라. 3) 선한 데는 지혜롭고 악한 데는 미련하라. 4) 평강의 하나님이 속히 사탄을 너희 발아래서 상하게 하실 것이다. 5) 이 계시의 말씀이 전에 감추었던 것인데 이제 모든 민족이 믿어 순종하게 하시는 하나님의 영광이 세세 무궁하도록 있을지어다. 아멘.

오늘 묵상의 말씀

나에게도 사도바울에게처럼 충성스런 일꾼들은 누구인가? 이야기해보자

교회의 기초

1장은 교회의 기초에 대하여 적어가고 있다. 이제 사도바울은 감옥에 2년 동안 머물고 있으면서 지금까지 개척하고 섬겼던 교회에 참된 교회의 모델에 대하여 교회론을 말하고 싶었다. 에베소 교회는 사도바울이 3년간 밤낮 쉬지 않고 눈물로 각 사람을 훈계하며 일으켜 세운 교회이다. 특히 거기에 아데미 신상이 있어서 박해도 많이 받았다. 이런 경험이 있기에 교회에 대한 애착이 강했다.

교회는 만세 전에 예정하신 것으로 그리스도의 몸이요, 만물 안에서 만물을 충만하게 하시는 이의 충만함으로 채워진 곳이라는 사실을 기록한다. 1장에서 교회의 머리는 '예수 그리스도'시라는 것이다. 이 사실은 창세 전에 예정하신 것이다. 예정의 주체는 하나님의 기쁘신 뜻을 위한 것이요, 예정의 방법은 '그리스도 안에서', '그리스도를 통하여'이다. 예정의 이유는 '거룩하고 흠이 없게 하시려고'이다. 이것은 죄인을 의로운 자로 취급하시어 영광을 받으시려는 하나님의 사랑이 이유가 되는 것이다. 예정의 내용은 '예수 그리스도로 말미암아 자기 아들이 되게 하신 것'이다. 예정의 목적은 그의 은혜로 영광을 찬미하게 하려 함이다. 이러한 '예정'은 논리적 측면에서는 '선택'보다 앞서지만, 실제적으로는 동시적 사역이다. 성령의 인치심으로 보증하고 사람을 감화 감동하게 하여 우리를 장차 완성되는 하나님 나라의 상속자로 인정하신다. 이를 위하여 교회를 세우신다. 이 교회의 머리는 그리스도이시며, 만물 위에 계시는 그리스도의 뜻을 받들어, 만물을 이용하여 다스려 그 모든 영광이 머리이신 그리스도에게 영광이 돌아가게 하여 만물 안에 그리스도의 영광이 충만하게 하는 곳이다.

2장에서는 교회는 개인의 구원과 구원받은 사람들의 모임이라고 기록한다. 그리스도를 믿기 전에는 '허물과 죄로 죽은 상태'이다. 그 증거로 첫째는 이 세상 풍속을 좇고, 하나님을 배반하고 그리스도를 미워한 불신앙적 세계에 있었다. 둘째는 공중의 권세 잡은 자를 따랐다. 그래서 하나님 나라를 대적했다. 셋째는 육체의 욕심을 따라 육체와 마음이 원하는 것을 하여 본질상 진노의 자녀가 되었다. 그래서 사단의 지배 아래서 마귀의 종노릇하는 삶을 살았다는 것이다. 그러나 예수를 믿고 나서 우리는 은혜로 구원을 받았고, 함께 일으키사 그리스도 안에서 함께 하늘에 앉게 되니, 이는 그 은혜의 지극히 큰 것이 오는 여러 세대에 나타내려 한다는 것이다. 이것은 하나님의 선물이요 하나님이 우리를 위해 만드신 바이다. 그래서 이런 사람들의 모임인 교회는 이방인과 유대인이 화목하여 둘이 한 성령 안에서 하나가 된 것이다. 이제는 외인도 아니요, 나그네도 아니요, 동일한 하나님의 권속이다. 이는 사도들과 선지자들의 터 위에 세우심을 입은 자인데 그의 안에서 건물마다 서로 연결하여 주안에서 성전이 되어가고, 그리스도 안에서 함께 지어져 간다고 규정하고 있다.

3장은 간증형식을 빌어 그리스도 안에서 이방인과 유대인이 하나 되는 비밀이 하나님의 계시로 들어간 것을 밝히며, 이를 위한 중보기도를 드리고 있다. 사도바울 자신은 다메섹 도상에서 회개하고 사도로 부르심을 받은 것은 바울 개인뿐만 아니라, 이방인들에게 복음을 전하기 위한 하나님의 섭리였다. 이것은 숨겨진 비밀이었는데, 그리스도의 십자가 속죄로 말미암아 유대인과 이방인 간의 담과 벽이 없어지고 다 같이 믿음으로 하나님의 백성이 된다는 사실이다.

이런 이방인의 구원은 갑자기 이루어진 것이 아니라 영원 전부터 하나님이 예정하신 것이다. 이를 위해 '1) 속사람이 강건하게 하옵시며, 2) 사랑 가운데서 뿌리가 박히고 터가 굳어지게 하옵시며, 3) 은혜가 충만케 하옵소서'라고 기도한다.

오늘 묵상의 말씀

교회가 꼭 알아야 할 일은 무엇인가?

교회생활과 실천내용

4장은 교회의 일치를 위해 격려하고 있다. 먼저 성도답게 사는 법을 알려준다. 1) 언제나 겸손하고 부드러우며, 인내와 사랑으로 서로 너그럽게 한다. 2) 성령으로 연합하여 서로 화목할 수 있도록 한다. 그 이유는 몸이 하나이니, 성령도 하나이며, 소망도 한 소망이요, 주도 하나요, 믿음도 하나요, 세례도 하나요, 하나님도 한 분이시기 때문이다.

이를 위해서 하나님은 각자에게 은사를 주셨다. 1) 사도로 2) 선지자로, 3) 복음 전하는 자로, 4) 목사와 교사로.

이 사역을 통하여 서로 협력하여 1) 성도를 온전케 하며, 2) 봉사의 일을 하게 하며, 3) 그리스도의 몸 된 교회를 자라게 하기 위한 것이다.

그래서 성도들은 성도가 되기 전의 옛사람인 본능의 충동과 세상 풍조에 따라 사는 모습을 버리고 욕심에 끌려가는 세상을 청산하고 거듭난 사람으로서 1) 다른 사람에게 진실을 말하며, 2) 마음의 노여움을 품지 말며, 3) 남에게 피해를 주는 행위를 하지 않고, 4) 불필요하고 나쁜 말로 남을 비판하는 대신 남에게 유익을 주는 말을 해야 할 것이다. 5) 이는 용서를 통하여 사랑한다.

5장은 이제는 새사람이기 때문에 빛의 자녀처럼 행하고 하나님을 본받고 산다고 말한다. 이를 위하여 1) 말을 통하여 본이 된다. 말은 그 사람의 인격이고 신앙의 정도를 나타낸다. 2) 세월을 아끼라, 시간을 아끼라, 때가 악하기 때문이다. 선한 목적으로 시간을 활용해야 한다. 3) 성령 충만을 받아라. 성령 충만은 인격적으로 지, 정, 의의 인격을 가진 그분을 모셔, 성령의 지배와 다스림을 온전하게 받는 상태이다. 4) 항상 감사하여 항상 열매를 맺도록 하라는 것이다. 5) 가정윤리와 같은데, 아내는 남편에게 복종하고, 남편은 아내를 사랑하여 그리스도께서 교회를 보양함과 같이 남녀가 부모를 떠나 새로운 부부가 된 것처럼 세속을 떠나 하나님과 우리가 하나가 되어 교회를 이루는 것이다. 그래서 하나 되는 것이 비밀이다.

6장은 5장에 이어서 가정생활의 윤리를 강조하고 종말을 사는 인생의 태도에 대하여 강조하고 있다. 먼저 가정생활에서 중요한 것은 가정의 리더십이다. 자녀들은 부모에게 순종해야 한다. 그래야 하나님의 말씀을 즐겁게 받아들일 수 있다. 하나님 말씀을 부모로부터 잘 받아들일 때 장수하고 번영한다는 구약의 약속이 성취된다. 그리고 부모는 자녀를 노엽게 하지 말고 즐겁게 순종하도록 격려한다. 그런가 하면, 직장생활 중에 종들은 육체의 상전에게 순종해야 한다. 눈가림으로 하지 말고 하나님을 기쁘게 하는 마음으로 하라는 것이다. 또 상사는 종에게 윽박지르거나 힘이나 권력으로 다스리지 말고 형제처럼 사랑하는 마음으로 돌보아야 한다. 이 모든 것을 하나님이 보고 계시기 때문이다.

마지막으로 말세에 사는 성도들은 어떻게 살아야 하는가에 대해 잘 말해 주고 있다. 1) 서서 '진리의 허리띠'를 매라. 진리만이 힘을 얻게 한다. 그러므로 진리로 힘을 얻어야 한다. 2) '의의 흉배'를 붙여야 한다. 가슴은 사람이 낙심하거나 용기를 북돋아 주는 통로이다. 그러므로 용기를 가지려면 마음속에 의인은 믿음으로 의롭게 된다는 이신칭의의 비밀을 가지고 있어야 한다. 3) '평안의 복음의 신'을 신으라. 발걸음이 가는 곳이 화평해야 한다. 복음이 세상에 전파될 때 결국은 평안이 온다는 것이다. 4) '믿음의 방패'는 사단이 쏘는 불화살을 막기 위해서 믿음에 굳게 서야 한다. 5) '구원의 투구'를 써야 한다. 담대히 싸우는 자가 승리한다. 이성적으로 구원의 확신을 준비하는 것이다. 그리고 마지막으로 '성령의 검' 곧 하나님의 말씀을 가지라. 하나님의 말씀은 교회 생활의, 축복의 열쇠이다. 모두가 누릴 수 있다.

오늘 묵상의 말씀

교회를 통하여 꼭 강조하는 내용은 무엇인가?

현장에서의 기쁨

1장은 감옥 속에 있으면서 삶의 현장에서 기쁨으로 지내도록 권유하는 내용이다. 사실 사도 바울은 로마를 경유하고 땅끝까지 복음을 전하는 사명이 있다. 그런데 감옥에 갇히어 육신적으로는 불가능하게 되었다. 이런 안타까운 상황 속에서 여러 모양의 소문이 들렸다. 이때 바울은 나의 당한 일이 도리어 복음 전파에 진전(진보)이 된 줄을 성도들이 알기 원한다고 말한다.

그 이유는 1) 시위대 뜰 안에 사람들에게 복음을 전하게 되었고 '가이사 집의 사람들'에게도 복음을 전했다. 2) 바울이 갇혀 있음에도 불구하고 다른 전도자들은 조금도 두려움 없이 담대하게 하나님의 말씀을 전했다. 그들을 감시하는 자들이 있었는데, 그들에게도 복음을 전했다. "그러니까 무슨 방도로 하든지 전파되는 것은 그리스도니 이로써 나는 기뻐하고 또한 기뻐하리라(1:14-18)." 그러므로 나의 간구의 소원은 "성령의 도우심을 아무 일에든지 부끄러워하지 않고 지금도 온전히 담대하여 살든지 죽든지 내 몸에서 그리스도가 존귀케 되려 함이니 내가 사는 것이 그리스도니 죽는 것도 유익하니라"라고 바울은 담대하게 자신의 삶 이야기를 하고 있다. 이런 사실은 빌립보 교회에서 착한 일을 시작한 이가 그리스도의 날까지 이루실 것을 확신한다는 것이다.

2장은 현장의 삶을 겸손이라는 관점에서 합당한 삶을 살라고 강조한다. 겸손에서 제일 중요한 것은 1) 먼저 마음을 합하여 같은 사랑'을 가지고 한마음을 가지는 것이다. 2) 또 시기심이나 허영이 아닌 남을 나보다 더 낫게 여기는 마음이며 3) 자기 일만 할 뿐 아니라 남의 일도 서로 돌보는 생활이 되도록 하는 것이다. 이를 위해 그리스도께서 본을 보이셨다.

그리스도는 1) 자기 자신을 비우셨다. 2) 하나님의 본체시다. 종의 형체를 가져 사람의 모양을 가지셨다. 또 십자가에 죽기까지 복종하셨다. 이런 겸손을 통하여 하나님께 영광을 돌리셨다. 물론 하나님은 이런 그를 지극히 높여 주셨다.

이러므로 우리의 행동은 1) 생명의 말씀을 밝혀 나의 달음질이 헛되지 않도록 하며 2) 원망과 시비가 없이 하고 3) 나의 몸을 전제로 드릴지라도 기뻐하고 기뻐하자는 것이다. 이런 소식과 함께 디모데를 보내어 교회 소식을 듣고 싶다는 것이다. 또한, 에바브로 디도를 보내고 싶다고 말한다. 왜냐하면, 에바브로디도가 빌립보 교회를 대신하여 바울에게 선교비를 보내었는데, 그는 바울과 함께 있을 때 병이 들어 죽을 지경이 되었다. 다행히도 그가 병이 나아서 빌립보교회에 보내겠다는 것이다. 그래서 근심을 덜고 서로의 부족한 점을 채우겠다고 말한다.

3장은 교회 안에 유대주의자를 삼가라 경계하고 있다. 할례를 강조하면서 그리스도의 십자가와 부활을 업신여기는 사람을 멀리하라고 한다. 사도 바울 역시 율법적으로는 남에게 뒤지지 않을 정도로 자랑할 것이 많았으나 모든 것을 그리스도를 위하여 해로 여기고, 배설물로 여겼다. 그리스도를 아는 지식이 가장 고상하기 때문이다. 우리는 여기에 푯대를 정해 놓고 부르심의 상을 위해 하나님께 달려가야 한다는 것이다.

4장은 마지막으로 유오디아와 순두게가 같은 마음으로 잘 지내기를 바란다는 부탁이다.

"주안에서 항상 기뻐하라. 내가 다시 말하노니 기뻐하라. 너희 관용을 모든 사람에게 알게 하라 주께서 가까우시니라. 아무것도 염려하지 말고 모든 일에 기도와 간구로, 너희 구할 것을 감사함으로 하나님께 아뢰라. 그리하면 하나님이 마음과 생각을 지킬 것이다."

오늘 묵상의 말씀

나의 삶의 현장에서 기뻐해야 할 이유는 무엇인가?

예수 그리스도의 유일성

1장은 예수 그리스도의 유일성을 강조하고 있다. 골로새 교회는 에바브라가 두란도 서원에서 2년 배우고 나서 개척한 곳이다. 그 주변에 있는 히에라 볼리스, 라오디게아 교회 역시 에바브라가 개척했다. 이곳에서 교회를 섬기는 에바브라가 위문 차 바울에게 왔다가 병이 들어 감옥에 함께 있게 되었다. 그래서 그곳의 소식을 알고 그들의 상황에 맞도록 복음인 그리스도를 설명하고 있다.

골로새 지역은 유대 율법주의와 헬라 철학과 동양의 신비주의가 혼합해 있는 곳이다. 이런 정황에 모든 이단과 잘못된 세상의 헛된 철학과 속임수에서 오직 그리스도만의 유일성을 확신하고 교회의 정체성을 정립하기 위해서 두기고 편에 이 편지를 부탁한 것이다. 먼저 그들에게 안부를 전한 후, '믿음에서 제일 중요한 것은 예수님이시다. 예수님이 우리를 흑암의 권세에서 건져 내사 그의 사랑의 아들 나라로 옮긴 것이다' 등 예수님에 대하여 자세히 알려주고 있다. 1) 예수그리스도는 창조주시다. 그는 하나님의 형상이고, 모든 창조물보다 먼저 나신 자로서 이는 이 땅에 지음을 받은 것이 아니라, 스스로 나셨다. 만물이 그로 말미암아, 그를 위하여, 그를 위해 창조되었다. 2) 예수는 구속주이시다. 그는 구원받은 자들의 모임인 교회의 머리이시며, 교회의 기초가 되며, 교회의 근본이 된다. 그는 죽은 자들 가운데서 먼저 살아나신 자이시며, 잠자는 자들의 첫 열매가 되시고, 만물이 서로 화목하게 했고, 하나님과 화목하게 하신다. 이를 위하여 나에게 교회의 일꾼이 되게 한 것은 하나님의 비밀이라는 것이다. 이 비밀은 만대에서부터 만대로까지 감추어진 것인데, 이방인들 가운데서 알게 하려는 것이 하나님의 계획이라고 말한다.

2장은 그리스도를 부인하는 거짓 교훈에 미혹되지 않도록 경고하고 있다.

골로새를 위협하는 거짓 교훈은 1) 할례당 2) 의식주의 3) 천사숭배 4) 금욕주의 등이었다. 이런 것들을 '철학', '헛된 속임수', '사람의 유언', '초등학문' 등으로 표현했다.

첫째, 할례는 하나님의 언약 표시로 아브라함에게 명령하신 것인데 예수그리스도의 구원 약속을 위한 예표이다. 예수께서 십자가를 지심으로 의문의 증서를 도말하시고 제하여 버리사 우리를 구원하신 것이다. 둘째, 의식주의는 절기, 월삭, 안식일 등을 지키는 것이 장차 오실 약속에 대한 그림자이다(히10:1). 하나님은 외모로 보지 않고 중심을 보시기에 자유할 수 있다. 셋째, 천사숭배는 히브리서 1장 14절에 보면 '부리는 영'이다. 따라서 그들은 숭배의 대상이 될 수 없고, 넷째, 금욕주의에 대한 것, 이런 것에 대해 "붙잡지도 말라, 맛보지도 말라, 만지지도 말라"라는 식의 금욕 명령은 신앙원칙에 위배된다. 예수로 말미암아 자유했다는 것을 기억하고 유혹에 빠지지 말라는 것이다.

3장은 실제 그리스도인의 생활 원칙을 기록하고 있다.

1) '위에 것 '을 찾고 구해야 한다. 땅의 가치관을 벗어버리고 새사람의 생활을 추구한다.
2) 땅에 있는 지체, 곧 옛사람을 죽이고 과거의 악한 일을 벗어버리는 삶을 산다. 땅에 있는 지체란 음란, 부정, 사욕, 악한 정욕, 탐심이다.
3) 하나님의 백성답게 살라는 것이다. 이 말은 첫째는 긍휼, 자비, 겸손, 오래 참음, 용서의 옷을 입고, 그 위에 사랑의 띠를 띠는 것이다. 둘째는 시와 찬미와 신령한 노래로 찬양하라. 셋째는 가정생활과 사회생활에 항상 주님을 기쁘시게 하라 는 것이다.

4장은 신앙생활의 실천적인 면을 강조하고 있다. 먼저 기도 생활을 잘 할 수 있도록 지속해서 기도하고 감사함으로 기도하고 전도할 문을 열어달라고 기도하자. 그리고 외인에 대하여는 지혜로 행하여 세월을 아끼자. 두기고와 오네시모를 보내니 잘 영접하라고 한다.

오늘 묵상의 말씀

골로새서에서 가장 중요한 핵심가치는 무엇인가?

교회를 섬길 자의 조건

빌레몬서는 바울이 주인의 재산을 훔쳐 도망쳤다가 회심한 종 오네시모를 주인 빌레몬에게 돌려보내면서 그를 용납하라고 부탁하기 위해 쓴 글이다. 어느 날, 오네시모가 바울을 찾아와 바울의 제자인 빌레몬의 집에서 도망 나온 종이라고 고백한다. 바울은 고민하다가 그 오네시모를 빌레몬에게 돌려보낸다. 도망간 종이 다시 잡히면 죽일 권한이 주인에게 있는 것을 알지만, 오네시모는 바울의 설득을 듣고 주인에게 돌아가기로 한다. 한 사람의 종을 위해 자기 인격을 걸고 변호하는 바울은 빌레몬에게 그를 살리는 것은 물론이요, 예수님 안에서 한 형제로 삼자고 제안한다. 예수그리스도 안에서 종과 주인의 경계를 넘어서 형제가 되자는 것이다. 왜냐하면 "그는 나에게 유익한 심복이었다. 그러나 네 승낙이 없이는 내가 아무것도 원하지 아니하노니 이는 너의 선한 일이 억지가 되지 않기를 바라기 때문"이었다. 그리고 바울이 출소할 때 자신의 거처를 예비해달라고 부탁한다.

디모데 전서 1장에서 바울은 옥중서신을 전한 후에 풀려나서 자신은 마게도냐로 여행을 하면서 디모데를 에베소에 머물게 했는데, 앞으로 예수님 재림 시간이 걸릴 것 같아서 목회사역을 잘하도록 권면하고 있다. 에베소에 머물게 한 이유는 1) 거짓 교사들에게서 다른 교훈을 가르치지 말며 2) 변질된 복음으로 '신화'와 '끝없는 족보'에 착념치 않게 하기 위함이다. 바울은 평생 교회를 위해 헌신했다. 지금도 선한 싸움을 싸우는데, 믿음과 착한 양심을 버린 사람들이 많다는 것이다.

2장은 목회를 위한 교회행정에 대하여 지침을 주고 있다. 먼저 공중예배를 사용할 기도에 대해서 말하고 있다. 첫째는 기도할 때 모든 사람을 위하여 간구와 기도와 도고(중보기도)와 감사를 해라. 둘째는 경건과 단정함으로 고요하고 평안한 생할을 하도록 국가와 지도자들을 위해서 기도하라. 셋째는 남자는 교회의 공적 집회에서 기도할 때 결코 분노와 다툼이 없도록 하고, 거룩한 손이 죄로 인하여 더럽혀지지 않도록 하라. 그리고 여자는 일체 순종함으로 배우고 교회에서는 조용할지니라. 그리고 정숙함으로 믿음과 사랑과 거룩함에 거하면서 그의 해산함으로 구원을 이루라

3장은 교회의 직분자의 자격에 관하여 기록하고 있다.

먼저 감독자가 갖추어야 한 조건을 말하고 있다. 1) '책망할 것이 없는 사람'이어야 한다. 2) 혼인관계에 있어서 '한 아내의 남편'이어야 한다. 3) '근신'할 줄 알아야 한다. 즉 무슨 일에든지, 사려가 깊고 건전한 분별력이 있어야 한다. 4) 품행에 있어서 '아담한' 사람이어야 한다. 즉 덕을 줄 수 있어야 한다. 5) 절제할 줄 알아야 한다. 6) 손님 접대를 즐겁게 할 줄 알아야 한다. 7) 가르치기를 잘할 수 있는 자라야 한다. 8) 술을 즐기지 말아야 한다. 9) 구타하지 말아야 한다. 10) 관용할 줄 알아야 한다. 11) 자기 집을 다스릴 줄 알아야 한다. 12) 다투지 아니하는 사람이어야 한다. 13) 돈을 사랑하지 아니하는 자라야 한다. 14) 자기 집을 잘 다스릴 줄 알아야 한다. 15) 교회 밖의 사람들에게 선한 증거를 받은 사람이어야 한다.

두 번째는 집사의 직분에 자격요건을 말하고 있다. 집사는 사도행전 6장 1-7절에 근거를 두고 성령과 지혜가 충만하여 칭찬 듣는 사람으로서 1) 단정할 것 2) 일구이언하지 말 것 3) 술에 인 박이지 말 것 4) 이익을 탐하지 말 것 5) 깨끗한 양심을 가질 것 6) 믿음의 비밀을 소유할 것 등이다. 이들은 살아계신 하나님의 집, 진리와 기둥의 터를 섬길 자들이다.

오늘 묵상의 말씀

교회를 섬기는 사람들은 참 소중하다. 어떤 조건을 갖추어야 하는가?

교회 섬김의 조건

4장은 교회 섬기는 참 교사에 대하여 기록하고 있다. 말세에 교회를 미혹케 하는 영과 귀신의 가르침을 좇는 자들이 있으니 이들에 대해 권고하고 있다. 이들은 '양심에 화인 맞은 자'이다. 그러기에 양심이 마비되었다. 이들은 영지주의자로서 물질은 악하다고 하는 이원론으로 결혼은 종족유지를 위한 목적으로만 성관계를 인정한다. 음식도 육식을 거부하고 위생 관계를 찬양하면서 육신을 죄악시하며, 사도바울이 전한 그리스도의 복음과 다른 교리를 전한다. 그래서 바울은 하나님이 지으신 것은 모든 것이 선하시매 감사함으로 받으면 버릴 것이 없다고 하면서 하나님의 말씀과 기도로 거룩하여진다고 가르치고 있다.

그러기에 가서 네가 할 일은 1) 그리스도의 선한 일꾼이 되어 믿음의 말씀과 네가 좇은 선한 교훈으로 형제들을 깨우치라. 2) 허탄한 신화를 버리고 오직 경건에 이르기를 연습하라. 3) 누구든지 네 연소함을 업신여기지 못하게 하고, 오직 말과 행실과 사랑과 믿음과 정절에 대하여 믿는 자들에게 본이 되어라. 4) 내가 이를 때까지 읽는 것과 권하는 것과 가르치는 것에 착념하라. 5) 이 모든 일에 전심전력하여 너의 진보를 모든 삶에 나타나게 하라.

5장은 목회자의 성도들에 대한 태도를 기록하고 있다. 먼저, 남자 성도에 대하여는 1) 늙은이를 꾸짖지 말고 권하여 아비에게 하듯 하라. 2) 비록 잘못된 일이 발견된다 할지라도 꾸짖는 자세가 아니라 겸손으로 권면하라는 것이다.

여자 성도에게는 1) 나이 드신 여자 성도에 대해서는 어머니에 대하듯 하라. 2) 혹 과실을 해도 착한 아들이 어머니를 권하듯 허물을 조심스럽게 바로 잡아 두라. 3) 젊은 여성도에게는 친자매를 대하듯 하라. 4) '일절 깨끗함'으로 하고 언행심사에 대하여 성결하게 하라는 것이다.

참 과부는 1) 과부 가운데서 남편만 없을 뿐만 아니라 자녀마저도 없는 과부이다. 2) 오직 하나님께만 소망을 두는 자, 3) 주야로 항상 기도 생활을 해야 한다. 비록 인간적으로는 외로우나, 항상 하나님과 교제하며 동행하는 생활을 하는 자이다.

세 번째로 장로에 대하여는 1) 잘 다스리는 장로들은 마땅히 존경하라. 2) 특히 말씀과 가르치는 일에 수고하는 장로는 배나 존경할 것. 3) 장로에 대하여 송사가 있으면 두세 증인이 있어야 한다. 4) 삯은 반드시 주어야 한다(5:18). 5) 편견이나 편벽이 없도록 할 것이다. 다른 사람의 죄에 간섭하지 말라.

6장은 교회 안에서 종들과 상전들이 함께 있으므로 모두가 평등한 공동체이자 사회생활에서는 또 생활을 유지하기 때문에 목회를 통하여 바른 지침을 줄 필요가 있었다.

먼저 종들은 상전들에게 마땅히 공경하라는 것이다. 비록 교회 안에서는 한 형제이다. 회사에서는 믿는 상전을 섬기는 데에 감사하며 자신의 할 일을 성실히 할 때 섬기는 종과 주인에게 모두 유익하다. 둘째, 신앙생활에서 특히 유의해야 할 것은 바울이 전해 준 복음 외에 다른 교훈은 그리스도와 말씀과 경건생활에 착념치 못하게 할 것이다. 그리고 교만하여 아무것도 알지 않으면서도 변론과 언쟁을 좋아하고 투기와 분쟁을 좋아하고, 경건을 이익의 재료로 사용하는 자들이다. 특히 부유하려고 하는 자들은 이러한 욕심 속에서 시험과 올무와 여러 가지 어리석고 해로운 정욕에 떨어져 침륜과 멸망에 빠지게 된다. 그러므로 돈을 사랑하지 않도록 하라는 것이다.

그러기에 마지막으로 권고하는 것은 하나님의 사람으로서 의와 경건과 믿음의 선한 싸움을 싸우라, 많은 증인 앞에서 선한 증거를 하여 주님이 오실 때 책망할 것이 없는 자로 설 것을 희망하면서 목회를 하라는 것이다.

오늘 묵상의 말씀

나는 우리 가정, 사역의 목회자로서 어떤 점에서 집중하고 조심해야 할까?

그레데에 남게 하신 이유는?

1장은 디도를 그레데 섬에 남겨두신 이유를 설명하고 있다. 바울은 감옥에서 자유를 얻은 후 5차 전도여행을 하게 된다. 그때 서바나를 다녀와서 마케도냐, 에베소, 그레데 섬을 지나면서 교회의 부족한 부분을 채워 바울 자신이 다하지 못한 복음사역을 지속적으로 행할 수 있도록 하려는 내용을 기록하고 있다.

먼저 그레데에 디도를 머물게 한 이유는 직분자를 세우기 위함이다. 복음의 사역자(장로)를 세우고, 계속적으로 교회를 섬기게 한다. 장로의 자격은 1) 책망할 것이 없어야 한다. 2) 가정생활이 깨끗해야 한다. 자녀 교육이 근실해야 한다. 3) 그에게는 부정적인 면이 없어야 한다. 즉 자기 고집만 내세우지 말고, 사소한 일에 발끈하지 않고, 술을 좋아하지 않고, 자기 이익에 탐내지 않아야 한다. 4) 긍정적인 측면으로는 나그네를 잘 대접하고, 선한 일을 하며 정욕을 억제하며 근신해야 한다. 5) 하나님의 영광을 위해 개인적인 욕심을 절제할 수 있어야 한다. 6) 진리의 말씀을 먼저 자신이 실천할 수 있어야 한다.

두 번째는 그레데 사람들에 대해 잘 돌아보라고 한다. 그들은 1) 거짓말쟁이며 악한 짐승이며 먹는 것만 탐하는 게으름뱅이라고 한다. 이는 지중해 한가운데 있어서 수많은 뱃사람이 오고가는 곳으로 힘든 일을 해야 하므로 입이 달고, 행동이 거칠고, 너무 고되기에 거짓말을 임기응변으로 넘기기 좋아하고 고집이 세다는 것이다. 2) 허탄한 이야기를 좋아하며 깨끗하다고 하지만 깨끗하지 않고 하나님을 시인한다고 하지만 복종하지 않은 자들이라 선한 일을 버리는 자이기에 잘 부탁한다는 것이다.

2장은 일상생활에서의 실천내용을 세심하게 가르쳐 주고 있다.

첫째, 늙은 남자에게 어떻게 할 것인지 가르쳐 주고 있다. 1) 늙은이는 젊은이들과 달리 감정에 휩쓸리지 말고 절제 생활을 해야 한다. 2) 경건한 생활로 교회 성도에게 존경받게 하라. 3) 근신하여 항상 영혼이 깨어 있어서, 세상의 쾌락에 취해 있지 말아야 한다. 4) 믿음과 사랑과 인내에 있어서 온전하여 하나님과의 관계, 이웃과의 관계에서 행복하게 해야 한다.

둘째, 늙은 여자는 1) 거룩해야 한다. 예수 믿는 사람으로서의 정체성을 나타내는 것이다. 2) 참소하지 말 것, 남의 약한 부분을 헐뜯지 말 것. 3) 기력이 쇠약하면 방어기제로 남의 약한 부분을 말하려는 유혹이 있다. 4) 술의 종이 되지 말 것, 5) 선한 것을 가르쳐야 한다. 오랜 인생의 풍부한 경험과 연륜의 지혜를 소중하게 여긴다.

셋째, 젊은 여자는 1) 남편과 자녀를 사랑해야 한다. 2) 근신하고 순전해야 한다. 3) 집안일에 부지런하며 선해야 한다. 4) 여인의 의무는 사회보다 가정에 더 많이 있다. 5) 가족과 이웃의 관계에서 선을 베풀어야 한다. 6) 남편에게 복종해야 한다. 7) 이러한 궁극적인 이유는 말씀에 훼방 받지 않기 위함이다.

넷째, 젊은 남자에게는 1) 근신. 2) 쾌락보다는 하나님을 사랑하고, 결코 눈을 돌이켜 허탄한 것을 바라보지 말라. 2) 범사에 네 자신으로 선한 일의 본을 보여서 교훈이 부패치 않게 하라. 3) 책망할 것이 없이 바른말을 하게 하라. 이는 대적하는 자를 부끄럽게 하기 위함이다. 4) 종들은 상전들에게 순종 않고 기쁘게 하고 거슬려 말하지 말라. 5) 떼어먹지 말고 오직 충성하여 구주 하나님의 교훈을 빛나게 하라. 6) 너는 이것을 말하고 권면하며, 누구에게든지 업신여김을 받지 않게 하라.

3장은 성도들에 관한 내용이다. "성도들은 하늘나라 시민권이 있지만, 지상에서도 이 땅의 시민으로 의무를 잘 감당하고 지금까지 말한 것에 대하여 굳세게 말하라. 그래서 아름다운 것으로 사람들에게 풍성하게 하라." 그리고 바울은 "급히 니고볼리로 오라 거기 대형집회를 통해서 복음을 전할 것"이라고 말한다.

오늘 묵상의 말씀

오늘 나를 이곳에 머물게 한 이유는 무엇일까?

바울의 최후 부탁

디모데 후서는 바울이 순교직전에 기록한 마지막 편지이다. 사도바울은 전도 행적 마지막에 가택연금에서 빠져나온 후 서바나, 에베소, 그레데를 통과한 후, 드로아에 갔다가 더워서 가죽옷을 남기고 니고볼리로 갔다. 아마도 그곳에서 대형집회를 하다가 로마에 잡혀가서 마메틴 감옥에 투옥되었다. 그때 사랑하는 제자 디모데에게 특별히 부탁하는 내용을 기록하고 있다.

1장은 비록 바울 자신이 감옥에 감금되어 있지만 '사랑하는 믿음의 아들' 디모데를 위하여 한시도 쉬지 않고 기도하고 있는 중 '보고 싶은 마음과 함께 사역에 대한 담대함'을 권고하는 내용이다. 바울은 디모데가 조상 적부터 하나님을 섬겨온 것과 할머니 로이스와 어머니 유니게 속에 있는 순수한 믿음이 그에게 있는 것을 보고 감사한다. 그러면서 격려하고 싶은 말을 전한다. "하나님이 우리에게 주신 것은 두려워하는 마음이 아니요, 오직 능력과 사랑과 근신하는 마음이니, 네게 우리 주의 증거와 또는 주를 위하여 갇힌 자 된 나를 부끄러워 말고 오직 하나님의 능력을 좇아 복음과 함께 고난을 받으라.(1:8-9)" 그러면서 '오네시보로의 집이 나의 매인 것을 부끄러워 아니하고 부지런히 나를 찾아왔는데 주께서 그를 긍휼을 얻게 하옵소서' 기도하고 있다.

2장은 복음 전도자의 마땅한 모습을 기록하고 있다. 복음 전도자로서 꼭 해야 할 일은 충성된 자를 찾아내는 것이요, 또 그로 하여금 다른 사람에게 가르치는 것이다. 이를 위한 사역자의 4가지의 모습이 있다. 1) 군사의 모습이다. 군사는 자기 사사로운 생활에 얽매이지 아니하며 모집한 자를 기쁘게 한다. 이를 위하여 훈련 중에 열심히 땀을 흘리듯이 경건의 훈련을 해야 하며, 전쟁 시에는 목숨을 내걸고 싸우듯, 진리 수호를 위해 선한 싸움을 싸워야 할 것이다. 2) 경기하는 자의 모습이다. 법대로 경기하고 이기기를 바라는 자마다 우수한 실력을 개발해야 할 것이다. 마찬가지로 하나님의 말씀에 어긋나지 않도록 한다. 3) 수고하는 농부 같은 모습이다. 결실을 얻기 위해 열심히 땀 흘려 수고하는 농부이다. 영권 없이는 결코 영적인 수확을 할 수 없다. 회심자를 위한 기도가 필요하다. 옥토 밭이 되기 위하여 항상 밭에 흙을 갈아엎고, 김을 매는 것이다. 4) 그릇 비유이다. 집에는 귀히 쓰는 그릇과 천히 쓰는 그릇이 있다. 누구든지 자기를 깨끗하게 하면 귀한 그릇이 되어 주인이 쓰기에 합당할 것이다. 이를 위하여 깨어 마귀의 올무에서 벗어나 하나님께로 사로잡힌바 되어 그 뜻을 좇게 하려 함이다.

3장은 먼저 말세에 일어나는 일을 알려주고 있다. 말세에 나타나는 19가지 죄목을 기록하고 있다. 1) 스스로 짓는 죄(자기를 사랑하는 것, 돈을 사랑하는 것). 2) 대인관계에서의 죄(자긍, 교만, 훼방 부모 거역, 감사치 않음, 거룩하지 않음, 무정, 원통함을 풀지 않음, 참소, 무절제, 사나움, 선한 것을 싫어함, 배반, 조급, 자고) 3) 하나님과의 관계에서의 죄(쾌락을 하나님보다 더 사랑함, 경건의 모양은 있으나 경건의 능력은 부인)를 조심하라는 것이다.

또한, 성경을 주는 목적이 무엇인지에 대하여 기록하고 있다. 1) 사람에게 '구원에 이르는 지혜를 알리기 위함이다. 2) 성경을 특별계시라고 부른다. 3) 하나님의 온전한 사람이 되기 위함이다. 4) 성경을 통하여 교훈, 책망, 바르게 함, 의로 교육하기에 유익한 말씀이다.

4장에서 바울은 디모데에게 최후의 교훈을 주고 있다.

1)하나님의 나라를 두고 엄히 명하노니 때를 얻든지 못 얻든지 전파하라. 2) 예수가 나타날 때 의의 면류관이 예비될 것이다. 겨울 전에 속히 오라. 올 때 드로아 가보의 집의 가죽옷을 가지고 오라. 책도 가지고 오라.

오늘 묵상의 말씀

내가 최후에 후계자에게 부탁할 말은 무엇인가?

고난 중에 인내

베드로 전서는 사도바울 이후에 교회의 수장인 베드로가 모든 교회를 통틀어 흩어진 믿음의 성도들에게 고난 중에 인내하라고 편지한 내용이다.

1장은 주후 64년, 네로 황제가 로마 화재사건의 책임을 그리스도인에게 전가하면서 로마통치권이 미치는 전 지역에 핍박이 가중했다, 이에 대한 격려이다. 이러한 고난은 오히려 찬송할 이유가 된다. 그 이유는 1) 죽은 자 가운데서 부활하신 예수님의 능력으로 우리를 거듭나게 하사 산 소망이 있게 하신다. 2) 썩지 않고 더럽지 않고 쇠하지 아니하는 기업을 잇게 하신 것이다. 이것은 하늘에 간직하신 것이다. 3) 말세에 예비하신 구원을 얻게 하려고 하나님의 능력으로 보호하심을 입었다. 4) 믿음의 시련이 불로 연단하여도 그리스도 나타나실 때 칭찬과 영광과 존귀를 얻게 하려는 것이다. 그래서 오히려 시험을 만날 때 기뻐할 수 있다는 것이다. 왜냐하면 믿음의 결국은 영혼의 구원받음이기 때문이다. 그렇기에 나그네로 있을 때 두려움으로 지내고 흠 없고 점 없는 그리스도의 보배로운 피로 구원을 얻은 것이기에 근신하며 온전하게 주님의 오심을 기다리며 바라보라고 한다.

2장은 개인생활과 사회생활에 대하여 권면하고 있다.

첫째, 성도는 1) 갓난아이처럼 순전하고 신령한 젖을 사모하라. 2) 하나님이 거하실 신령한 집으로 세워져 가는 성전의 돌이기에 서로 귀하게 하고 연결해 나가자. 3) 왕 같은 제사장권의 회복이다(9, 출19:5-6). 4) 거룩한 나라요, 그의 소유된 백성이다. 5) 하늘의 시민권을 가진 존재이다.

둘째, 사회생활의 행동지침은 1) 주를 위하여, 2) 육체의 정욕을 제어하고 행동을 선하게 하여 불신자들이 악평과 비방을 잠잠하게 하려고, 3) 불신자를 구원하도록, 4) 성도의 자유는 범죄를 위한 관용이 아니라 순종하는 자유이다. 5) 모든 사람에게 정당한 대접을 해주라.

셋째, 고난은 누구든지, 자신의 잘못은 당연히 고난을 받아야 하고, 부당히 고난을 겪어도 슬픔을 참으면 아름다운 것이며, 하나님을 영화롭게 하는 것이다.

3장은 성도의 가정생활과 고난에 대한 교훈을 기록하고 있다.

첫째, 가정에 대하여 1) 아내는 남편에게 순복하고 경의와 존경을 표한다. 2) 아내는 잔소리가 아닌 '두려워하며 정결한 행위'가 믿지 아니하는 남편을 구원하는 방편이다. 3) 남편은 지식을 따라 아내와 동거하되 아내는 육체적으로 약한 그릇이요, 또한 생명을 유업으로 받을 기업이니 귀하게 여기라는 것이다.

둘째, 이 세상에서 성도들 간에는 1) 서로 사랑해야 한다. 2) 반대자와 박해자들에 대해서도 서로 사랑하며, 복을 빌어야 한다. 사랑과 인내는 최선의 방어 대책이다. 3) 자기 스스로 악에서 떠나 선을 행하며 평화를 추구해야 한다. 4) 의를 위하여 고난 받는 것이 복된 일이다. 5) 소망에 관한 이유를 묻는 자들에게 대답할 말을 항상 준비하라.

4장은 마지막 때 고난에 성도들의 대처방법을 기록하고 있다. 1) 정신을 차리고 근신하고 기도하라. 마귀는 우는 사자같이 두루 다니며 삼킬 자를 찾기 때문이다. 2) 무엇보다도 열심히 사랑하라. 사랑은 허다한 죄를 덮는다. 3) 서로 대접하고 돌보아 원망 없이 하기를 힘쓰라. 4) 선한 청지기같이 서로 봉사하라. 각자 받은 은사로 섬기라. 5) 자신에게 닥치는 시련을 이상히 여기지 말라. 시련은 자기 백성을 온전하게 하는 것이다. 6) 시련 중에 즐거워하고 부끄러워하지 말라. 믿는 자에게 궁극적으로는 구원이나 불신자에게는 심판이다.

5장은 장로들에게 권유하고 있다. 하나님의 양 무리를 치되 부득이함으로 하지 말고 자원함으로 하라. 주장하는 자세로 하지 말고 오직 양 무리의 본이 되어라. 그리고 젊은 자들은 순복하고 겸손으로 허리를 동이라.

오늘 묵상의 말씀

고난당할 때 마지막까지 어떻게 이해해야 할까?

이단 앞에 서 있는 신앙

베드로 후서는 사도 바울사역 이후에 예루살렘 교회가 전체 교회를 총괄할 때 네로 박해로 인하여 고통을 당하는 '본도, 갈라디아, 아시아와 비두니아에 흩어진 모든 성도에게 편지를 통하여 돌보고 있다.

1장은 먼저 신의 성품에 참여하도록 중요 덕목을 함양하도록 말한다. 1) 믿음이다. 반석처럼 신뢰할 수 있는 사람이 필요하다. 2) 아름다운 덕이다. 3) 지식을 더한다. 하나님의 목적-경건을 아는 지식이 필요하다. 4) 절제-자기 통제를 더 해야 한다. 5) 인내 6) 경건 7) 형제 우애 8) 사랑이 필요하다. 이런 덕목을 갖추어 주 예수 그리스도를 알기에 게으르지 않고 열매 없는 자가 되지 않도록 하라.

이렇게 말하는 이유는 주의 재림을 대비하라는 것이다. 1) 이 장막에 있을 동안 일깨워 이 장막을 벗을 날이 임박한 사실을 알게 하고 2) 주의 강림을 알리는 것은 인간의 공교로 만든 이야기가 아니라 우리는 그의 위엄을 친히 본 자라는 것을 알게 함이다. 그리고 실족하지 않도록 하고 예수 그리스도의 나라에 넉넉히 들어가게 하도록 하는 것이다. 특히 예언은 사사로이 풀 것이 아니라 오직 성령의 감동을 입은 사람들이 하나님께 받아 말할 것이다.

2장은 거짓 선생과 심판에 대해 말하고 있다.

거짓 선생은 어떻게 행세할까? 1) 처음에는 교회의 진실한 회원으로 행세한다. 2) 위선의 탈을 쓰고 행동하며 거짓 교훈을 가지고 진리의 도를 훼방한다. 3) 지어낸 말이나 흉내 내는 말 단어는 같으나 실제로는 동기와 목적, 실제적인 의미와 전혀 다른 말을 한다. 왜냐하면, 거짓 선생은 탐심을 가지고 기독교를 수단화하여 개인적인 이득을 보려고 한다. 4) 거짓 길이 참 길보다 훨씬 더 인기가 많다.

둘째로 그들은 어떤 특성이 있을까? 1) 교만이다. 그들은 육체를 따라 더러운 정욕 가운데서 행하며 어떤 종류의 지배나 통치권에 대해서도 경멸하는 태도를 취하고 스스로를 높인다. 2) 이성 없는 짐승 같아서 자신이 잘 알지도 못하는 것을 훼방한다. 곧 그들은 진리에 대하여 무지하다. 3) 탐욕에 연단한 마음을 가지고 있다. 탐욕에 연결되어 믿음이 굳세지 못한 자들은 유혹한다. 4) 물 없는 샘 같고 광풍에 밀려가는 안개 같아서 다른 사람에게 만족을 주겠다고 말하면서도 사실은 아무런 도움도 주지 못한다. 5) 자유를 말하면서도 도리어 사람들을 속박 가운데로 끌고 간다.

3장은 베드로가 본 서신을 쓰게 된 이유를 설명하고 있다. 1) 진실한 마음 곧 주의 은혜로 거듭나게 된 새로운 성품을 일깨워 생각나게 하기 위해서이다. 2) 사도들의 말씀을 통해 구약과 신약의 말씀을 상기시키기 위함이다. 3) 자신이 주의 말씀을 잊어버려서 크게 실패한 뼈아픈 경험이 있기에(눅22:61), 성도들에게 말씀을 잊어버리지 않게 하기 위함이다.

주의 재림의 날에 대해서도 알려준다. 1) 주님의 재림은 확실하게 있으니 재림이 없다고 놀리는 자들에게 현혹되지 말라. 2) 바로 지금이 구원받을 만한 때요 구원의 날이다. 아직 기회가 있으니 하나님과 화해를 힘쓰라. 3) 주의 날이 도적같이 갑자기 오니까 항상 깨어 있어 준비하라. 4) 그의 약속대로 의에 거하는바 새 하늘과 새 땅을 보면서 준비하라. 5) 이를 위하여 점도 없고 흠도 없이 나타나기를 힘쓰라. 6)주의 오래 참으심이 구원이 될 줄로 여기라. 7) 알기 어려운 말이나 구절이 있으나 억지로 풀지 말라. 8) 무법한 자들에게 미혹되지 않도록 하라. 8) 그리스도의 은혜와 그리스도를 아는 지식에서 자라가라.

오늘 묵상의 말씀

시대가 어려우면 어려울수록 우리는 어떻게 처세를 해야 할까?

신앙의 모델인 예수 그리스도

1장은 천사보다 우월하신 예수 그리스도에 대하여 강조하고 있다. 복음전파의 전위대로서 종횡무진 복음을 전하던 사도 바울도, 전 세계 교회의 수장인 베드로도 소천하고 나서 예수가 그리스도라는 사실을 흔들림 없이, 빛도 없이, 드러내지 않고 굳건하게 전달하는 무명의 그리스도인이 우리 인생 경주의 모델이 바로 예수 그리스도라는 사실을, 여러 부분과 여러 모양으로 우리 조상들에게 밝혔는데, 이제 아들로서 우리에게 오셨고, 이제는 하나님 우편에 앉아계신 분이신데, 천사보다 높으신 분이라는 것을 밝히고 있다. 예수그리스도는 하나님이면서 하나님의 독생자이시다. 그러기에 세상이 그를 통하여 지은 바 되었다. 그러기에 모든 천사로 그에게 경배하며, 모든 천사는 메신저(Messenger)로서 예수 그리스도의 사역을 전달하는 심부름꾼에 불과하다(1:14).

2장은 사망의 세력을 이기신 예수그리스도에 대해 기록하고 있다. 천사들을 통하여 말씀(율법, 갈3:19)을 주었으나 순종치 아니함으로 고통을 받게 되었다. 이제 천사보다 더 크신 그리스도의 복음을 전달하는데, 그 큰 구원을 등한히 여기지 말라고 당부하고 있다. 그래서 예수님이 육신을 입고 성육신하신 것이다. 하나님이신 그분이 비천한 인간의 모습을 가지고 잠깐 동안 천사보다 못한 존재가 되었다. 그래서 순종 못 하는 인간을 이해하고, 인간의 필요사항을 꼭 해결한 것이다.

그 사항은 1) 사람의 '사망의 세력을 잡은 자', 곧 마귀를 물리치기 위하여 우리 주님은 죽기까지 순종함으로 완전히 마귀의 세력을 박살 내셨다. 2) 또 죽기를 무서워하므로 일생에 매여 종노릇하는 모든 자(빈곤, 질병, 고독, 무위)를 구속하고 놓아주어 육신에서 자유하며, 영적인 축복을 누리게 하셨다. 3) 그리하여 아브라함 자손의 축복을 회복하게 하려고 오셨다. 그러므로 우리 주님은 시험을 받아 고난 당하였은 즉 시험받는 자들을 능히 도우실 수 있다.

3장은 모세보다 크신 예수 그리스도를 기록하고 있다. 먼저 모세와 그리스도의 다른 모습을 대조하고 있다. 이스라엘 백성들은 모세를 존경해 왔다. 그런데 모세가 이스라엘 백성을 애굽에서 인도하여 가나안 땅에 오도록 길을 제시했다면 예수님은 이스라엘 백성을 천국으로 인도하신 구세주이다. 이를 표를 통해서 보면 다음과 같다.

	모세	그리스도
상이점	1) 집의 존귀함 같은 영광(피조물) 2) 하나님의 집에서 사환으로서 충성 3) 옛 언약의 중개자	1) 집 지은 자의 존귀함 같은 영광(창조주) 2) 집 맡은 아들로서 충성 3) 새 언약의 중개자
유사점	1) 동일한 하나님의 부르심을 받음(집은 하나님의 백성과 하나님의 집을 말함) 2) 부르심에 적극적으로 충성	

그런데 모세 시대에는 출애굽 한 백성들이 광야에서 하나님을 시험하고 불순종한 결코 단 두 사람 여호수아와 갈렙을 제외하고는 아무도 가나안 땅에 들어가지 못하고 광야에서 죽었다. 마찬가지로 예수 그리스도의 복음을 믿는 자 중에서도 순종하지 아니하거나 악심을 품고, 순종하지 아니하면 결국 마음이 강팍하여 죄의 유혹에 빠지기 쉬우니 매일 피차 서로 권면하고 지원해 주어야 한다. 물론 시작할 때에 확실한 것을 끝까지 견고히 잡으면 그리스도와 함께 참여할 자가 될 것이다.

오늘 묵상의 말씀

그리스도가 우월하다는 신앙을 개인적으로 유지하려면 어떻게 해야 하는가?

여호수아와 대제사장보다 높으신 예수님

4장은 여호수아보다 나은 그리스도를 설명하고 있다. 이스라엘 백성들은 모세의 인도함을 받은 불순종으로 인하여 안식에 들어가지 못했다. 그런데 비록 그들의 후손이 여호수아의 지도 아래 가나안에 들어갔다 할지라도, 육체적 안식 이상의 안식을 얻지 못했다. 영원한 안식은 그리스도를 통해서만 얻을 수 있기 때문이다. 그 안식에 들어가도록 인도한 도구는 바로 '하나님의 말씀'이다. 왜냐하면 '하나님의 말씀은 살았고, 운동력이 있어 좌우에 날 선 어떤 검보다도 예리하여 혼과 영과 및 관절과 골수를 찔러 쪼개기까지 하며, 또 마음과 생각과 뜻을 감찰하시기에 오직 만물이 적나라한 모습으로 드러나기' 때문이다. 그러므로 우리의 대제사장이시며 승천하신 자 곧 하나님의 아들 예수 그리스도인 우리의 믿는 도리를 굳게 잡자. 그러면 그분은 우리의 연약함을 체휼하지 아니하는 자가 아니요, 모든 일에 우리와 한결같은 자이나 죄는 없으시기에 때를 따라 돕는 은혜를 얻게 하려고 은혜의 보좌 앞에 담대히 나갈 수 있다.

5장은 대제사장보다 나은 예수그리스도를 말하고 있다. 대제사장 자신도 연약한 한 인간이기에 자기를 위한 속죄제를 드려야만 했다 그러나 예수님은 흠이 없기 때문에 자신을 위하여 속죄제를 드릴 필요가 없으시다. 그리고 제사장은 결코 스스로 취할 수 없고, 하나님이 세운 자만이 될 수 있다. 하나님께서 아론을 통하여 제사장직을 갖게 하셨고, 그의 후손만이 직무를 수행하도록 했다. 그런데 예수님은 아론의 반차를 따른 것이 아니라 아브라함 앞에 나타난 멜기세덱의 반차를 따른 것이다. 그런 제사장의 유형으로 멜기세덱과 예수님 유형의 공통점은 다음과 같다.

멜기세댁	그리스도
1) 희생제물 없이 떡과 포도주로 아브라함에게 나옴(창4:18) 2) 왕과 제사장직 겸임 3) 단 한 번의 제사 행위 4) 부르심의 신적 기원 5) 처음과 나중을 알 수 없음(히7:3)	1) 떡과 포도주는 그리스도의 살과 피에 해당됨 2) 왕적, 제사장직 직무를 동시에 수행 3) 단번의 십자가 대속 4) 신적 기원으로 제사장직 수행 5) 처음과 나중을 감히 깨달을 수 없음(히7:3)

그런데 예수님은 제사장임에도 불구하고 그가 육체에 계실 때 고난 속에서 순종을 배워 자기를 죽음에서 능히 구원하실 이에게 심한 통곡과 눈물로 경외하심으로 인하여 들으심을 얻어서 우리의 고통을 다 응답하신다.

6장은 그러므로 우리가 초보자와 같은 삶의 행동에서 벗어나서 게으르지 말고 끝까지 우리 소망을 영혼의 닻 같은 주님께 내려놓자는 것이다. 왜냐하면, 예수님은 나의 축복 언약의 최후 확정과 영원한 보증으로 변할 수 없는 축복의 근원을 주시기 때문이다.

7장은 대제사장이신 멜기세덱의 반차를 좇은 예수님을 전하고 있다. 레위 지파는 모세의 영도 하에 세워진 제도이지만 멜기세덱은 그 이전 사람으로서 아브라함을 축복한 대제사장이다. 그렇듯이 예수도 이런 반열의 대제사장으로서 인간의 제도와 조직과 시공간을 뛰어넘는 영원한 제사장이다. 이런 분이 최후 확정인 축복과 맹세로 우리는 보증하셨다(히6:14). 그러므로 예수는 자기를 힘입어 하나님께 나아가는 자들을 온전하게 구원하실 수 있게 되었다. 이는 그가 항상 살아서 저희를 위하여 간구하기 때문이다.

오늘 묵상의 말씀

나의 최종 보증은 예수 그리스도이시다. 이에 대한 나의 믿음의 자세는 어떠한가?

옛 법과 새 언약의 실체인 그리스도

8장은 모세를 통하여 옛 율법보다 더 나은 새 언약을 기록하고 있다. 모세를 통한 첫 언약은 하나님께서 모세와 시내 산에서 약속한 율법이다. 이 첫 언약은 아담과 하나님 사이의 '행위언약'을 어긴 인간들에게 주어진 은혜이다. 그러나 그리스도의 복음에 대한 '예비적인' 성격을 띠고 있다. 그러므로 첫 언약은 어린아이 같은 이스라엘을 그리스도에게로 인도하는 '몽학선생'같은 역할을 맡고 있다. 이와 대비해 새 언약은 예수 그리스도 안에서 성취되었다. 새 언약의 특성을 첫 언약과 대조해 보면 다음과 같다.

	첫 언약	새 언약
형태	돌판에 새겨진 말씀 - 외형적	마음에 새겨진 말씀 - 내면적
계시	그림자(진리에 대한 최대한 이해)	실체(누구나 하나님을 분명히 알 수 있음)
속죄	불완전한 속죄(속죄의 예표)	완전한 죄 사함
효력	낡아지고 쇠하여짐	항상 새롭고 영원함(미래의 종말론적 세계와 관련)

9장은 첫 언약과 새 언약의 내용을 상세히 설명하고 있다.

옛 언약의 예법에 따른 성소는 1) 둘로 나눈다. 먼저는 성소로서 그 안에 일곱 금 촛대와 진설병이 있다. 그리고 둘째는 지성소가 있는데 거기에는 금향로와 사면을 금으로 싼 언약궤가 있다. 그리고 그 언약궤 안에는 만나를 담은 항아리, 아론의 싹난 지팡이, 그리고 언약의 두 돌판이 들어있었다.

그 성소와 지성소 사이에는 휘장이 있어서 구별했다. 제사장들은 먼저 첫 장막인 성소에 매일 들어가서 섬겼다. 그러나 둘째 장막인 지성소에는 대제사장이 일년에 하루(속죄일)만 들어가서 섬길 수 있었다. 이때 대제사장은 율법에 규정된 방법대로 자기 몸을 보호하기 위해 '피'를 가지고서 들어갔다. 그 피는 대제사장 자신이 범한 죄와 백성들이 범한 죄를 속하기 위한 것이었다. 레위 제사장들과 그리스도의 사역을 비교하면 다음과 같다.

레위 제사장	그리스도
지상의 장막에 들어감	손으로 짓지 아니한 하늘의 장막에 들어감
송아지와 염소의 피로 제사함	바로 자신의 피로 제사함
여러 번 장막에 들어감	단 한 번 들어가심
영원한 속죄를 이루지 못함	영원한 속죄를 이루심

10장은 온전한 속죄를 이루시는 그리스도를 말하고 있다. 먼저 율법에 의한 제사는 약점을 가지고 있다. 짐승의 피를 흘리는 율법의 제사 제도는 그 자체가 실제로 죄를 깨끗게 하거나 제사 드리는 자를 온전하게 못하는 연약한 것이다. 그러나 그림자로서의 율법은 실체이신 그리스도 오실 때까지 사람들의 마음을 준비했다. 그리고 고대하는 마음을 가게 되었다. 그러던 중에 그리스도께서 이 땅에 오셔서 단 한 번의 제사로서 그 직무를 완성했다. 그래서 다시는 죄로 인하여 피 흘리는 제사가 필요 없게 되었다. "그 피를 통하여 주님께 나가는 자는 저의 죄와 불법을 내가 다시 기억하지 아니하리라. 다시 죄를 위하여 제사 드릴 것이 없느니라. 우리가 성소에 들어갈 담력을 얻었는데, 그 길은 우리를 위하여 열어 놓은 새로운 살길"이라는 것이다.

오늘 묵상의 말씀

모든 사람에게 주어진 새로운 살길은 무엇인가?

믿음의 증인과 믿음의 경주

11장은 그 유명한 믿음장이다. 그리스도의 믿음을 보여 준 증인들이 증언하는 내용이다. 11장부터는 믿음을 실천할 수 있도록 격려하는 내용이다.

먼저 믿음을 증언하는데, 믿음은 단순한 신념이나 적극적인 사고방식이 아닌 하나님께서 우리에게 이루어 주신다고 약속한 것을 확신하며 또한 이미 그것을 얻은 것처럼 살아가는 것이다. 세계가 모든 믿음을 통해서 창조된 것이다. 아벨은 믿음으로 하나님께 예배를 드렸고, 에녹은 믿음으로 하나님을 기쁘게 했고, 노아는 순종함으로 방주를 예비했다. 아브라함은 갈 바를 알지 못하면서 하나님의 부르심에 순종했다. 모세는 그리스도를 위하여 받은 능욕을 애굽의 모든 보화보다 더 큰 재물로 여겼으니 이는 상 주심을 바라봄이었다. 이러한 믿음의 사람들은 나라들을 이기기도 했고, 의를 행하기도 하며 약속을 받기도 하며 사자들의 입을 막기도 하며 불의 세력을 멸하기도 하며 칼날을 피하기도 하고, 연약한 가운데 강하게 되기도 하며, 돌로 치는 것과 톱으로 켜는 것과 시험과 칼에 죽는 것을 당하고, 양과 염소의 가죽을 입고 유리했다는 것이다. 그러기에 이들은 세상이 감당치 못한 사람이다.

12장은 그리스도인의 인내와 끈기로 경주자가 달음질하는 것처럼 우리에게 믿음의 경주가 필요하다는 내용이다. 믿음의 경주를 하려면 첫째, 무거운 것을 벗어 버려야 한다. 둘째, 얽매이기 쉬운 죄를 벗어버려야 한다. 셋째, 인내로 끝까지 달려가야 한다. 넷째, 예수그리스도만 보고 달려야 한다. 푯대가 분명한 것이다.

또 강조하고 싶은 내용은 하나님이 사랑하는 자녀에게 징계를 준다. 그 이유는 1) 징계를 통해 연단시키기 위해서이다. 2) 자식을 사랑하는 부모는 자녀의 잘못을 볼 때 당연히 매를 든다. 3) 만일 범죄 해도 징계받지 아니하는 아들이 있다면 그는 사생자이다. 이때 기억해야 할 것은 징계가 당시에는 즐거워 보이지 않고 슬

펴 보이나 후에 그로 말미암아 연달한 자에게는 의의 평강의 열매를 맺나니 어그러지지 않고 오히려 고침을 받게 하라.

13장은 영원한 나라를 기업으로 받은(12:28) 성도들이 어떠한 자세로 세상을 살 것인지를 알려주고 있다. 첫째, 인간관계를 설명하고 있다. 손님 대접을 잘하라는 것이다. 부지중에 천사들을 대접한 아브라함과 기생 라합은 대접함으로 구원을 얻게 되었다. 갇힌 자와 학대받는 자에게 따스한 보살핌과 위로와 사랑으로 잘 보살피라는 것이다. 둘째, 혼인에 관해서 말하고 있다. 결혼은 하나님이 친히 제정하신 중요한 제도이다. 그러므로 인간의 욕정에 의해 난잡하게 하지 말고 공인된 한 사람과 가정을 이루어 자녀를 양육하며 하나님의 기쁘신 뜻을 위해 소중하게 배려해야 한다. 셋째, 돈에 관한 태도이다. 돈 자체는 결코 나쁜 것이 아니다. 다만 돈을 사랑하거나 생애 최고 가치의 목적으로 여겨서는 안 된다. 돈은 있는 바로 족한 줄로 알고 필요 이상의 탐욕을 갖지 말라는 것이다. 넷째, 교회의 지도자에 대한 것이다. 성도는 자신의 영적 성장을 위해 애쓰는 교회지도자에게 순종하고 복종해야 한다. 그리고 다른 교훈에 끌리지 않고 오직 교회를 통하여 영적 성장에 힘쓰라는 것이다. 다섯째, 생활이 믿음으로 드리는 제사이다. 죄를 위한 짐승의 피를 대제사장이 가지고 성소에 들어가고 그 육체는 영문 밖에서 불사름같이 예수님도 자기 피로써 백성을 거룩하게 하려고 성문 밖에서 고난을 받으셨다.

그러므로 우리도 그 능욕을 지고 영문 밖으로 나가자, 삶의 현장에서 승리하자는 것이다. 현실의 삶 속에서 고난의 십자가를 지는 것 같으나 항상 예수로 말미암아 찬미의 제사를 드리라. 이는 그 이름을 증거하는 입술의 열매니라. 그리고 교회가 고난 중에도 승리하도록 교회를 위하여 기도하라는 것이다.

오늘 묵상의 말씀

결국 히브리서를 통하여 믿음의 증인들에게 부탁하고 싶은 말씀은 무엇인가?

신앙의 영적 생활(1)

요한은 제자 중에 처음 선택받은 자이며 마지막까지 남아서 뒷마무리를 잘 한 사도이다. 그래서 누구보다도 예수님을 잘 안다고 말할 수 있을 것이다. 그런 그가 후기사도시대에 마지막으로 주님을 사랑하는 사람들에게 부탁하는 내용을 기록한 책이 요한 서신이다.

1장은 참된 영적 교회의 조건에 대하여 기록하고 있다. 그 사귐의 시작은 세상의 빛으로 경험한 바이다. 그래서 1장은 빛으로 오신 예수님과 사귐을 말하고 있다. 이 생명의 말씀은 3년 동안 본 바요, 들은 바요, 만진 바(1:1)로 우리와 사귐이 있도록(1:3) 길을 열어 주신 분이시다. 이 빛과 사귀면서 살 때 우리가 주목해야 할 점을 말한다. 빛 가운데 행하는 것이다(1:5-7). 우리는 빛의 자녀이다(엡5:8). 더 이상 어두움의 노예가 아니다. 빛의 자녀들처럼 살자는 것이다.

2장은 하나님과의 교제하기 위해서는 죄는 범하지 말라(2:1)는 것이다. 육신의 정욕과 안목의 정욕과 이생의 자랑, 이런 것은 세상으로부터 온 것이고 아버지께로부터 온 것이 아니다(2:16). 이런 것은 세상을 사랑하는 것으로 죄를 짓게 하는 것인데, 그 속에 사랑이 없으면 그 어두움은 눈을 멀게 한다(2:11).

3장에서는 세상과 교제하는 자는 하나님과 교제를 방해하는데 중요한 것은 죄를 짓는 것이다. 죄를 짓는 자는 마귀의 자녀에게 속한다. "너희는 너희 아비 마귀에게서 났으니 너희 아비의 욕심대로 너희도 행하고자 하느니라. 그는 처음부터 살인한 자요. 진리가 그 속에 없으므로 진리에 서지 못하고 거짓을 말할 때마다 제 것으로 말하나니 이는 거짓말쟁이요. 거짓의 아비가 되었음이라(요8:44)" 그래서 예수님이 오신 목적을 말하고 있다. "죄를 짓는 자는 마귀에 속하나니 마귀는 처음부터 범죄함이라 하나님의 아들이 나타나신 것은 마귀의 일을 멸하려 함이라(3:8)." 그러므로 죄를 짓지 말자는 것이다.

4장에는 하나님을 개념 정리하면 '하나님은 사랑이시다(3:8)'라고 말한다.

"하나님의 사랑이 이렇게 나타난 것은 하나님이 자기의 독생자를 세상에 보내셔서 우리를 살리려 하심이라(4:9). 어느 때나 우리가 하나님을 본 사람이 없으되 만일 우리가 서로 사랑하면 하나님이 우리 안에 거하시고 그의 사랑이 온전히 이루어지느니라(4:12). 이를 위하여 성령이 우리에게 오셔서 역사하실 것이다(4:13). 그러므로 사랑에는 두려움이 없고 온전한 사랑이 두려움을 내어 쫓나니 두려움에는 형벌이 있음이라 두려워하는 자들은 사랑 안에서 온전히 이루지 못하였느니라(4:18)."

이 말씀은 우리가 서로 사랑할 때 깊은 맛을 느낄 것이다. 자식을 진심으로 사랑하는 어머니는 자식을 위해 자기 생명을 버릴 수 있다. 죽음의 공포도 그 어머니의 사랑을 이기지 못한다. 그리스도를 진심으로 사랑하는 사람은 죽음을 두려워하지 않고 그리스도를 위해 아낌없이 자기 생명을 버릴 수 있다. 순교자들이 죽음의 순간에도 두려워하지 않고 기쁨과 평안 속에 그 순간을 맞이할 힘이 바로 사랑에서 나온 것이다. 스데반이 그 첫 본보기이다(행7:55-60). "세상의 그 어떤 권력도 죽음의 위협도 그리스도를 통해 하나님과 맺어진 그 사랑의 관계를 끊을 수 없다(롬8:38-39)."

5장에서는 참된 교제의 기초는 믿음이라는 것을 보여준다. 세상을 이기는 믿음이다. 이는 예수가 바로 하나님의 아들이심을 믿는 것이다. 하나님의 아들을 믿는 자는 자기 안에 증거가 있나니(5:10), 그 증거는 하나님이 우리에게 영생을 주신 것과 이 생명이 그의 아들 안에 있는 것이다. 중요한 것은 하나님을 아는 것이다. 이를 알고 믿고 담대하게 구하는 것이다. 그를 향하여 담대하게 구할 수 있고, 구하면 받을 수 있는 기도의 교제가 중요하다.

오늘 묵상의 말씀

요한이 체험한 예수님의 사랑을 생각나는 대로 말해보자.

신앙의 영적 생활(2, 3)

요한 이서는 형제 사랑과 거짓 교사를 경계할 것을 경고하고 있다. 먼저, 성도를 사랑하는 것이 하나님의 계명을 따라 사는 내용이라는 것을 강조한다. 두 번째 강조하는 것은 이단의 가르침이다. 미혹하는 자가 세상에 많이 나왔는데, 예수 그리스도께서 육체로 오신 것을 부인하는 자로, 그는 적그리스도이다. 적그리스도가 교회생활을 방해하는 내용이다.

그래서 이단을 만나면 주의해야 하는데, 1) 이단과는 교제해서는 안 된다. 2) 이단은 집에 맞아들이지도 말고, 또 그에게 인사해도 안 된다. 또 그들의 스승에게 대접해서도 안 된다. 단호하게 대처해야 한다. 그렇지 않고 타협하는 것은 이단을 돕는 행위가 되기 때문이다.

이러한 이단의 꾐에 들어가지 않으려면, 먼저 사랑과 영접이 있어야 한다. 진정 이웃을 사랑하는 것만이 이단에서 벗어나는 길이다.

요한 삼서는 내 영혼이 잘되고 범사에 잘되고 강건하기를 원하는 내용을 기도하고 있다. 그러면서 충실한 일꾼을 가이오를 격려하고, 그와 동시에 교회 사역을 방해하는 디오드레베에 대하여 주의하라고 편지하고 있다. 먼저 가이오는 '기뻐하다'라는 뜻으로, 진리 안에서 행하고 있다. 그는 성도가 순례 전도자들을 잘 대접하고 있었다. 그러나 드오드레베는 요한의 부탁한 것을 받아들이지 않고 오히려 무례하고 헐뜯었을 뿐만 아니라 전도자들을 대접하지 않았다.

유다서에서는 이단을 경계하라고 권고의 편지를 쓰고 있다. 구원은 '일반적으로 얻은 구원'과, '단번에 주신 믿음의 도'이다. 일반적으로 얻은 구원은 모든 사람이 받을 만한 구원의 보편성을 말하며, 단번에 주신 믿음은 예수 그리스도의 구원 사역의 단 회성을 말한다(벧전3:18).

이 두 가지는 구원의 보편성과 단 회성으로 중요하지만 가정에 '가만히 들어온

몇 사람'이 있었기 때문이다. 이들은 무법주의를 신봉하고 불경건한 행동을 일삼는다. 이들의 거짓 예언자를 통하여 행해지는 범죄의 내용을 보면 1) 이성을 잃고 육체를 더럽히며 권위를 무시하고, 영광스런 하늘의 존재를 무시하고 욕했다. 2) 마치 그들은 애굽에서 구원받았으나, 광야에서 하나님을 배반하다가 멸망한 자들 같았으며, 또한 자기 지위를 지키지 않고 자기 위치를 떠났다가 영원한 쇠사슬에 묶여 심판 날까지 흑암 속에 갇힌 범죄한 천사들 같았다. 그리하여 소돔과 고모라 및 그 주위의 도시들이 온갖 음란한 짓을 다 일삼다가 영원한 불의 형벌을 받는 것과 유사한 죄악을 행했다는 것이다. 그뿐만 아니라 이는 가인의 악한 길을 따르고 돈을 위해 발람의 잘못된 길로 달려갔으며, 고라처럼 하나님을 거역하여 멸망으로 치닫고 있다. 이 악한 자들은 성도의 애찬을 방해하는 '암초'와 같은 존재이며, 자기의 몸만 기르는 목자요, 삯꾼 목자(요10:12, 13)처럼 이기적인 사람들이다. 또한 비를 내리지 못하는 바람에 날리는 구름과 같고, 죽어버린 가을나무 같고, 수치의 거품을 뿜어대는 바다의 거친 물결 같고, 유리하는 별들 같다. 이들의 유혹에 빠져들어 가는 이유는 자기의 정욕을 따라 살기 때문이다, 그래서 자기의 이익을 위하여 원망과 불만을 토로하는 자들이다.

여기에 빠져들지 않기 위해 성도들은 지극히 거룩한 믿음 위에 자신을 세우며 성령으로 기도하며 사람의 사랑 안에서 자신을 지키며 영생에 이르도록 우리 주 예수 안에서 긍휼을 기다려야 한다. 또 어떤 이들을 불에서 끌어내어 구원해야 할 것이다.

오늘 묵상의 말씀

말세를 살아갈 때 꼭 주의해야 할 일이 있다면 무엇인가?

요한이 본 것과 7교회에 부탁한 말씀

요한 계시록은 신구약 성경 마지막에 기록됨으로써 성경 전체의 대결론이다.

계시록은 요한이 예수님께 밧모 섬에서 받은 계시를 기록하고 있다. 이는 결과적으로 보면 신구약 전체의 총 결론이요, 성도의 궁극적 목적을 잘 알려주는 책이 되었다. 그래서 이 말씀을 읽는 자들과 듣는 자들과 지키는 자들이 복이 있다고 하는 것이다.

그러면서 요한은 세 가지를 중점으로 기록하고 있다. 1) 네가 본 것(1장) : 땅의 임금들의 머리가 되신 그리스도께서 구름 타고 오신다는 사실과, 2) 이제 있는(2-3장) : 예수님 당시의 7교회와 교역자들을 통하여 부탁하는 말과, 3) 장차 있는 일(4-22장)을 기록하고 있다.

2-3장은 일곱 교회에 편지하여 말세에 보일 이야기를 부탁하고 있다.

7 교회	칭찬	책망	훈계	무시하면?	상급
에베소	1) 수고와 인내 2) 자칭 사도 인정하지 않은 니골라당 미워함 3) 거짓된 것을 드러냄	처음 사랑을 버림	어디에서 떨어졌는지를 기억하고 회개할 것, 처음 행위 가질 것	에베소교회의 촛대를 옮기실 것임	이기는 자에게 낙원에서 생명나무 과실을 먹음
서머나	환난과 궁핍 당하는 것은 아심, 실상은 부요함(폴리갑의 순교)		장차 받을 고난을 두려워 말 것, 10일간 시험함		생명의 면류관, 둘째 사망 면제
버가모	사탄의 처소가 있는 곳(제우스 신전)에서도 예수 이름을 굳게 잡음 순교자 나옴(안디바)	발람의 교리를 붙잡는 자들이 있음, 니골라당의 교리도 있음	회개하라	예수님께서 속히 가서 입의 칼로 싸움	이기는 자에게는 감추어 둔 만나를 먹게 할 것임

7 교회	칭찬	책망	훈계	무시하면?	상급
두아디라	사업과 사랑과 믿음 섬김과 인내:나중 행위가 처음 것보다 다 많음, 사탄의 깊은 것을 모름	여자 이세벨을 용납함, 우상 제물 먹음, 성도를 꾀어 우상 제물 먹음	회개하지 않으면 큰 환난 속에 들어갈 것임, 이미 가지고 있는 것 붙잡으라	이세벨과 음행한 자들을 던지고, 사망으로 자녀들을 죽임	이기는 자는 만국을 다스리는 권세를 주리라, 새벽별의 권능을 주리라
사데 교회	자기 옷을 더럽히지 아니한 몇 명이 흰옷을 입고 예수님과 함께 다닐 것	내가 살았노라 하나 죽은 자이다	깨어서 남은 자가 구원받을 것, 얻은 구원을 지켜 회개하라	깨어 있지 않으면 예수님이 도둑같이 올 것임	이기는 자는 흰옷을 입겠고, 생명책에서 지우지 않겠다.
빌라델피아	예수님의 인내를 말씀으로 지킴		내가 속히 오리니 잡은 것을 굳게 잡으라		하나님의 성전에 기둥이 되리라
라오디기아	없음	차지도 뜨겁지도 아니함, 부자라 하나 영적으로 가난하다	뜨거운 열성 불로 연단한 금 사라, 안약을 사서 발라라	열성이 없으면 내 입에서 너를 토하여 버릴 것이다.	내가 내 보좌에서 함께 앉아 있으리라

오늘 묵상의 말씀

예수님은 말세에 누구를 통하여 그 비밀을 말하는가?

인을 떼시는 분과 여섯째 인

4장은 장차 될 일을 예수님께서 요한에게 보여주는 내용이다. 요한이 천국에서 보좌에 앉으신 하나님의 모습을 보았다. 또 보좌 주위에 24 장로들이 둘러 있는 것을 보았다. 24 장로들은 흰옷을 입고 머리에는 금 면류관을 쓰고 있었다. 천국의 장엄한 영광은 번개와 음성과 뇌성이 울려 나오고 그 보좌 앞은 수정같이 맑은 유리 바다가 있었다. 그리고 성경에 기록된(에스겔) 천사들이 하나님을 찬양하고 있었고, 24장로들은 면류관을 벗어서 보좌 앞에 내려놓으며 하나님을 찬양하고 있었다.

5장에서 요한은 보좌에 앉으신 하나님의 오른손에 안팎으로 인봉된 두루마리 책을 보았다. 그러나 인봉한 두루마리를 뗄 자가 없어서 요한은 울었다. 이때 장로 중에 한 사람이 다윗의 뿌리로서 일찍 죽임을 당하고 모든 사람의 죄를 대속하고 죽기까지 우리를 사랑하는 그 어린 양이 일곱 뿔을 가지고 있고, 일곱 눈을 가지고 있어서 모든 권세를 가지고 온 세상의 모든 일을 살피고 계신 그분이 오른손에 두루마리를 취하신 것을 보았다. 이때, 네 생물의 천사와 24장로들이 각각 엎드려 향이 가득한 금 대접을 드리고 새 노래로 찬양을 드리는 모습을 보았다.

6장에서는 첫째 인을 뗄 때 흰말을 타고 손에는 활을 가지고 이기고 또 이기려고 하는 계시를 보여주었다. 전쟁에서 이기고 또 이기려고 준비하는 모습을 기록하고 있다. 둘째 인을 떼니, 붉은 다른 말이 나왔다. 붉은 말은 전쟁을 이야기한다. 첫째 인을 뗄 때 전쟁에서 이긴 자들이 잠시 쉬었다가 또 전쟁에 나가는 것이다. 셋째 인을 떼니, 검은 말이 나타났다. 전쟁에 이어 환난과 기근이 몰려온 것이다. 이런 상태를 검은 말로 표현한 것이다. 전쟁이 발발하면 농사를 지을 수 없는 상황이 되거나 유통과 보급이 끊기거나, 권력자들이 매점매석하여 빚어지는 환난이 벌어진다. 평상시에 사치한 생활을 하면서 식량의 중요성을 깨닫지 못하다가 환난을 겪는 것이다. 그때 밀 한 되에 10만 원, 보리 석 되에 10만 원할 때가 온다(6:6, 레26:26). 넷째 인을 떼니, 청황 말이 나타나는데, 그는 검과 흉년과 사망과 땅의 짐승으로 지구상의 1/4의 인구가 죽는다. 이는 사람이 죽어가는 모습이 처음에는 창백하다가, 나중에 시체가 된 후에는 청황색으로 변하기에 그렇게 표현한 것이다. 지구의 1/4이면 약 15억 명이 전쟁과 기근으로 죽는데, 이런 환난은 믿는 자의 잠을 깨우기 위한 하나님의 방법이다. 이때가 회개할 마지막 기회이다. 다섯째 인을 뗄 때에, 요한은 제단 아래서 조속한 심판을 탄원하는 순교자들의 모습을 보았다. 순교자들의 탄원 소리를 들으셨지만, 하나님은 더 참아 주신다. 이는 아직도 회개하고 돌아와야 할 영혼들이 많기에 자비와 오래 참으심을 통하여 하나님의 마음을 보여주시며, 아직도 더 복음을 증거 해야 할 곳이 있고, 따라서 순교자의 수가 더 차야 한다고 말씀하셨다. 여섯째 인을 뗄 때에 하늘에서 별들이 무화과나무가 대풍에 흔들려 떨어지듯이 땅에 떨어져서, 우리 위에 떨어지매 굴과 바위틈에 숨어 산과 바위에 이르되 "우리를 가리우라" 말할 때가 온다는 것이다.

7장은 7째 인을 떼실 때 땅과 바다를 해할 권세를 가진 네 천사에게 하나님의 이마에 인치시기까지 해하지 말라고 하면서 이스라엘 12지파에게 인을 치기 시작하여 140,000명을 인 치신다. 이는 혈통적인 의미에서 이스라엘 자손을 말하는 견해로 말하기보다 '진정한의 의미인 유대인'으로 교회를 말한다. 이때 각 나라와 각 족속과 백성과 방언에서 나온 무리가 흰옷과 어린양에게 큰소리로 찬양하며 밤낮 성전에서 그를 섬기게 한다.

오늘 묵상의 말씀

이런 고난이 닥쳐오면 어떻게 이겨나갈 수 있을까? 그 대책은?

일곱 나팔의 심판과 증인들

8장은 일곱째 인을 뗄 때 잠깐의 고요한 시간이 있더니 일곱 천사가 일곱 나팔을 받았고, 다른 천사는 순교자들과 모든 성도의 기도를 금향로에 담아서 하나님 보좌로 올린다. 하나님이 성도의 기도를 들으시고 환난 날을 감하시는 것을 느낄 수 있다. 이어서 일곱 천사가 나팔을 불기 시작했는데, 첫 번째 나팔을 불 때 피 섞인 우박과 불이 나와서 땅의 1/3과 수목, 각종 풀의 1/3을 불태워버렸다. 둘째 천사가 나팔을 불 때 불붙은 산과 같은 것이 바다에 던져지니 1/3의 바다 생명체가 죽었다. 셋째 나팔을 부니 횃불 같은 것 1/3이 하늘에서 강에 떨어지니, 1/3이 쓴 쑥이 되어 많은 사람이 죽었다. 넷째 나팔을 부니 하늘의 해, 달, 별의 타격을 받아 흑암 세상이 되었다. 이때 공중에서 날아다니는 독수리라 "화, 화, 화"가 있으리니 앞으로 세 천사가 불어야 할 나팔의 재앙이 더욱 가혹하다는 것이다.

9장은 8장에 이어서 다섯째 나팔을 부니, 황충이 연기 가운데로부터 나온다. 이는 하늘에서 막 떨어져 나온 하나의 별이 무저갱의 열쇠를 받는데, 하나님이 허용하신 범위 내에서 사람들에게 고통을 주는데, 이마에 인 맞지 아니한 자들에게 고통을 준다. 또 사람을 죽이지는 말고 5달 동안만 사람을 괴롭게 하는데, 죽기를 구하여도, 죽지 못하게 하는 재앙을 내린다. 이때 회개하면 부끄러운 구원을 받을 수 있지만 회개하지 않고 더욱 사람들의 마음이 강퍅해지는 것이다. 그들의 이름은 파괴자(아불리온, 아바돈)이다. 이때 전쟁으로 말미암아 큰 환란이 오는 것이다. 여섯째 나팔을 부니, 하나님 앞 금단의 네 뿔에서 "큰 유브라데스에 결박한 네 천사를 놓아주라"는 이야기 하고 있었다. 그 심판은 이만만(약 2억)이 중동에서 전쟁을 일으켜서 1/3인을 죽이는 무서운 전쟁이 일어난 것이다. 그래서 결국은 이 땅에 거하는 사람 1/2의 인구가 죽게 된다. 바로 이 사건 이후 예수님 재림과 휴거가 일어난다. 이 사건은 재림 직전에 일어난다는 것이 사실이다.

10장은 일곱 번째 나팔을 불기 전에 한 천사가 일곱 번째 나팔을 예고한다. 마치 권투경기에서 마지막 라운드를 앞두고 마지막임을 알리듯이 이 천사가 일곱 번째 나팔을 분다는 것을 예고한다(10:1-7). 그 천사가 오른발은 바다를 밟고, 왼발은 땅을 밟은 채 "세세토록 살아계신 이가 지체하지 아니하리라", 사자처럼 큰 소리로 말할 때, 하나님이 그의 종 선지자들에게 전하신 복음과 같이 "하나님의 그 비밀이 이루어지리이다"라는 큰 우렛소리가 났다. 이때 하늘에서 소리가 있어 "이를 인봉하지 말라 라고 하셨다. 이때 요한이 이 계시를 보다가 다시 자기 사명으로 돌아와 천사의 손에서 두루마리를 받아먹고 예언을 해야 할 것을 지시받았다. 그래서 그 두루마리를 입에 대었더니, 입에는 달콤해도 실제로 배에서는 쓰게 된 것이다.

11장은 두 증인과 일곱째 나팔을 기록하고 있다. 먼저 요한은 성전과 거룩한 성을 척량한다. 하나님은 거기에서 예배하는 자들을 특별히 보호한다는 것을 말해주고 있다. 그리고 그 밖은 42달 동안 이방인의 정한 때가 차기까지 기다려 주신다. 그리고 때가 되어 두 증인이 증거한 기간이 마치면 순교자들의 수가 채워진다. 그리고 이 증인들이 올라오라 함을 듣고 저희가 구름을 타고 승천한다. 이어서 일곱째 천사가 나팔을 불 때 순식간에 성도들이 하늘로 올라가게 되고, 불이 섞인 유리 바다의 건너편에 도달하게 된다.

오늘 묵상의 말씀

일곱 번째 나팔이 울릴 때 나는 휴거할 준비가 되었는가?

역사의 회고와 성도의 휴거

12장에서 20장까지는 휴거된 성도와 그렇지 아니한 사람들이 구분되면서, 계시록 12장에서 14장까지는 창세기 1장에서 계시록 11장까지의 과거에서 지금까지 진행되어 온 내용을 압축하여 요약 설명하고 있는 부분이다. 그리고 15장은 홍해 건널 때의 감격처럼 휴거한 백성들이 불이 섞인 유리바다 건너 하늘나라에서 찬양하는 모습을 기록하고 있다.

먼저 12장을 보면 태양을 입고 있는 한 여자가 머리에는 열두 면류관을 쓰고 있고, 그 발아래에는 달이 있다. 해와 달과 열두 별의 면류관을 쓰고 있는 여자가 남자아이를 잉태하였는데, 이 남자아이는 철장으로 만국을 다스릴 아이였다. 즉 이스라엘 나라가 메시아를 잉태한 것이다. 이때 머리가 일곱 개요, 뿔이 열 개인 용(마귀)이 이 여자를 잡아 삼키려고 애를 썼는데, 나중에는 아이가 승천해 버리니까 용이 여자(이스라엘)라도 잡아 삼키려고 애를 썼다. 나중에는 용이 물을 확 토해서 여자를 홍수에 떠내려 보내려고 했는데, 땅이 물을 흡수해 버리니 여자는 날개로 펄럭이면서 광야로 도망을 간다. 1,260일 동안 피난을 가 있다가 70년에 이스라엘 나라가 광야로 날아가 버렸다. 그런데 그게 오히려 보존된 것이었다. 한편 하늘에서 전쟁이 일어났는데 승천하신 주님과 싸우기 위해 용들이 도전한다. 이때 미가엘과 그의 사자들이 나와서 용과 격렬하게 싸운다. 그 과정에서 미가엘이 용의 급소를 찌른다. 용은 치명상을 입어 땅으로 쫓겨난다. 그 큰 용의 정체는 옛 뱀, 곧 마귀이며, 사단이다.

13장에서는 그 쫓겨난 용이 두 짐승에게 마귀의 권세와 능력을 준다. 한 짐승에게 뿔이 10개요, 머리가 7개로 마귀의 능력과 권세를 준다. 이는 교회 밖에서 마귀의 정사와 권세로 교회를 핍박하는 세력이다. 또 둘째 짐승에게 마귀의 권세와 능력을 준다. 둘째 짐승은 새끼 양같이 두 뿔을 가지고 있다. 마치 어린양이신 예수

그리스도를 모방하여 사단의 위장된 모습을 갖춘다. 이는 광명의 천사로 가장하여 많은 능력과 기적을 보이면서, 첫째 짐승에게 적극적으로 협조하며 더 악랄한 악행을 한다. 그 짐승의 몸에 '666'이 새겨져 있다. 그리고 그 짐승을 위하여 우상을 만들라고 하여, 그 우상을 만들어 그 우상에게 사람들을 끌어다가 절을 시킨다. 절하지 않은 사람은 다 순교한다. 이때에는 이마나 오른손에 666의 표를 받지 아니하면, 아무것도 사거나 팔지 못하고, 금융거래하지 못한다. 그러니 성도들도 이 표를 받지 않으면 살기 힘들 정도로 절박한 상황이 온다.

14장에서는 이때 놀라운 환상을 보여 준다. 시온 산에 어린양이 144,000명의 거룩한 자 함께 서있었다. 그들의 이마에는 어린양의 이름과 아버지의 이름이 기록되어 있었다. 어린양 되신 주님이 말씀하신다. "그러니까 아무리 힘들어도 아무리 어려워도 그 표(666)를 받지 말라. 그 표를 받으면 세세토록 고난을 받는 것이다. 성도의 인내는 여기에 있다." 물론 주님께서 택한 백성을 위해서 그 날을 감할 것이다. 그리고 다시 네 "이 한 낫을 가지고 곡식을 거두라"라고 하니까 곡식을 거둬서 알곡을 모아서 곡간에 들어갔다. 그러고는 이 한 낫, 예리한 낫을 휘둘러서 포도를 거두어서 포도주 틀에 던져서 밟았는데, 밟아보니 포도가 아니라 불신자들의 머리였다. 얼마나 피를 많이 흘렸는지 피가 차올라서 말굴레까지 차올랐다. 그 높이가 1,600스다디온이 되었다. 비참하게 불신자들은 심판을 받고 신자들은 휴거되어 하늘로 올라갔다.

15장은 그 짐승의 표를 이기고 승리한 자들이 불이 섞인 유리 바다 건너 하늘나라에서 하프를 가지고 모세와 어린양의 노래를 부르고 있다. 이를 출애굽기 15장의 이스라엘 민족을 구원한 것과 영원한 영생을 얻게 한 어린양을 위하여 찬양하는 것을 말한다.

오늘 묵상의 말씀

마지막에 666의 유혹을 이기고 승리하려면 어떻게 살아야 할까? 의논해보자.

7대접의 재앙과 심판

16장은 불신자들에 대한 7가지 대접의 재앙이 쏟아지는 것을 기록하고 있다. 이것은 마치 출애굽의 역사를 이루기 위한 10가지 재앙(출7:20-12:30)과 같은 의미의 재앙을 일으킴으로 이스라엘 백성을 구원하는 역사를 보여 준다. 그러면서 그 범위가 우주적이고 최종적인 사건이다. 1) 첫째 천사가 가서 그 대접을 땅에 쏟으매 짐승의 표를 받은 사람들과 그 우상에게 경배하는 자들에게 악하고 독한 종기가 났다. 2) 둘째 천사가 그 대접을 바다에 쏟으매 바다가 곧 죽은 자의 피같이 되어 생물이 다 죽었다. 3) 셋째 천사가 그 대접을 강과 물 근원에 쏟으매 피가 되었다. 4) 넷째 천사가 그 대접을 해에 쏟으매 해가 권세를 받아 불로 사람들을 태우니 사람들이 크게 태워졌다. 5) 다섯째 천사가 그 대접을 짐승의 왕좌에 쏟으니 그 나라가 곧 어두워지고 사람들이 아파서 자기 혀를 깨물었다. 6) 여섯째 천사가 쏟으니 강물이 말라 동방에서 오는 왕들의 길이 예비되었다. 이때 요한에게 두 가지 중요한 것을 보여 주는데, 짐승의 입과 거짓 선지자의 입이라. 저희는 귀신의 영인데, 이적을 행하며 온 천하 임금들을 결합하며 하나님께 대적하는 전쟁이 일어나는 것이다. 이때 주의할 일은 "우리 주님이 도적같이 오리니 누구든지 깨어 자기 옷을 지켜 벌거벗고 다니지 아니하며, 자기의 부끄러움을 보이지 아니하는 자가 복이 있다고 경고하고 있다. 7) 일곱 번째 대접을 쏟기 직전에는 하나님을 대적하는 임금들이 모인다.

17장에는 큰 음녀의 심판에 관하여 기록하고 있다. 일곱째 대접을 가진 천사가 음녀에게 대접의 재앙을 내렸다. 그 음녀는 붉은빛 짐승을 타고 있다. 일곱 머리와 뿔 열을 가지고 있고, 붉은빛 말을 타고 있다. 여기에서 큰 음녀는 무엇인가? 종교 개혁자들은 로마 가톨릭을 지칭한다. 원래 예수님을 믿고 하나님을 섬기는 자들은 순결과 정절을 지키는 성도들, 곧 그리스도의 신부로 묘사한다. 그런데 세상의 온갖 유혹을 하고 들어와서 교회 신부의 순수성을 혼잡하게 하여 혼합종교로 만들었다. 그래서 오로지 예수님만 섬기는 것이 아니라 마리아를 어머니로 섬기고, 또 세상 종교의 습관을 그대로 받아들인다. 그 뿌리가 바벨론 종교에서 기인한 것이다. 그리고 짐승은 적그리스도로서 세상의 권세를 말한다. 마지막 때는 이런 거짓 종교는 악한 권력에 아첨하여 공생하며, 성도들을 괴롭히는데, 그 악한 권세들이 마지막으로 결탁하여 어린양과 싸우게 될 것이다.

18장은 큰 권세를 가진 천사가 하늘의 영광을 가지고 내려와서 "무너졌도다, 무너졌도다. 큰 성 바벨론이여!"하며 선포하게 된다. 절대 무너질 수 없는 난공불락의 성이라고 믿었던 바벨론이 무너졌다. 이는 하나님께서 구약에 고레스를 보내어서 견고한 바벨론 성을 무너뜨린 것과 같다. 애굽 바로의 강력한 권세가 무너졌고, 앗수르의 니느웨가 무너졌고, 크고 견고한 바벨론이 무너졌고, 바사가 무너졌고, 헬라제국이 무너진 것처럼 강력한 로마가 무너질 것을 요한에게 보여주었다. 이것은 종말에 가서는 그 어떤 강력한 마귀의 권세도 다 무너진다는 것을 확실하게 보여주는 사건이 될 것이다.

이때 안타까운 것은 바벨론의 멸망으로 인하여 슬피 울고 애곡할 자들이 있다. 1) 그와 함께 음행하고 사치하던 땅의 왕들이다. 2) '땅의 상고'들이다. 그 상품을 통하여 인간의 욕구를 채우던 자들이 망하기 때문이다. 3) '각 성과 각처를 다니며 선객들과 선인들과 바다에서 일하는 자'들이다. 각처에 다니면서 보배로운 상품, 명품으로 치부하던 자들이다. 그러나 이때가 성도들에게는 '그를 인하여 즐거워' 할 때이다. 하나님이 신원하시는 자의 기도를 응답하셨기 때문이다.

오늘 묵상의 말씀

세상이 망할 때 당신은 정말 행복한가? 아니면 불행할 것인가?

어린양의 혼인 잔치와 천년왕국

19장은 바벨론의 멸망을 찬송하는 네 번의 찬양과 함께 어린양의 혼인 찬지를 축하하는 찬양이 계속되는 내용을 기록하고 있다. 이 혼인 잔치에 백마 탄 자가 나타난다. 1) 적그리스도를 물리친 승리자로서 그 이름을 충신과 진실이라고 기록하고 있다. 2) 공의로 심판하고 싸우시는 분이시다. 3) 그 눈이 붉은 꽃과 같은 분이시다. 4) 그의 머리에는 많은 면류관이 있다. 5) 그 이름은 '자기밖에 아는 자가 없는' 분이시다. 6) 그는 피 뿌린 옷을 입었으며, 그 이름은 '하나님의 말씀'이시다. 7) 그는 하늘에 있는 군대들이 희고 깨끗한 세마포를 입고 백마는 타고 그 뒤를 따르는 분이다. 8) 그는 예리한 검으로 만국을 치고 철장으로 다스리며, 친히 전능하신 하나님의 맹렬한 진노의 포도주 틀을 밟는 분이시다. 9) 그는 옷과 그 다리에 '만왕의 왕, 만주의 주'라고 쓴 이 이름을 지닌 분이시다. 10) 따라서 그는 그리스도이심이 너무나 명백한 분이시다. 이런 예수님이 "할렐루야"가 울려 퍼지는 가운데 구름 타고 내려오신다. 그때 공중에서 주를 영접하게 되고, 예수님이 오시자 그래도 예수님께 도전하는 세력들이 있었는데, 그런 사람들은 예수님의 입에서 나오는 예리한 검으로 다 죽게 하신다. 그 죽임을 당한 뒤에 수많은 독수리가 따라가면서 배를 불린다. 그리고 예수님께서 바로 음녀와 적그리스도를 잡는다. 이들을 잡아서 산채로 불과 유황불 붙는 못, 불 못에 바로 던지신다. 심판하지 않고 바로 던지신다. 그러니까 마지막까지 성도들을 괴롭히던 적그리스도와 거짓 종교, 거짓 선지자가 제일 먼저 불 못에 들어간다. 이때까지는 아무도 지옥에 가지 않는다. 전부 음부에 있다. 음부에 있다가 제일 먼저 적그리스도와 짐승이 먼저 들어가고 거짓 선지자와 그다음에 천사가 용을 잡으러 간다.

20장에서는 그 용은 옛 뱀이요, 마귀요, 사단이다. 이는 둔갑의 명수요, 병용의 귀재이며 천 가지 얼굴을 가지고 만 가지 악을 자행하던 사단이다. 때로는 광명의 천사로 어떤 때는 폭군으로 나타나 핍박하며 때로는 온갖 기만으로 천하만국을 미혹하며 밤낮 성도들을 참소하던 자다. 드디어 천사의 손에 잡혔다. 천사가 잡아 무저갱에 던져 넣은 후, 그 문을 잠그고 인봉 하여 일천 년 동안 다시는 만국을 미혹할 수 없게 하였다. 그리고 난 후에 천 년 동안 성도들은 주님과 함께 온 우주를 함께 날며 신혼여행을 한다. 천 년 동안 왕 노릇 하는 것을 의미한다. 그리고 천년이 지난 후에 하나님의 말씀대로 무저갱에 갇혀 있던 사단이 잠시 풀려나게 된다. 이때 곡과 마곡의 백성들이 잠시 풀려난 사단의 유혹을 받아 사랑하는 성도들과 성을 둘러싸고 싸움을 벌이게 된다. 그들은 야벳의 둘째 아들, 마곡의 후예들이다. 에스겔에 의하면 그날 이후로 흩어졌던 유대인들이 돌아오게 되고(겔36:-38), 마곡의 왕이 예루살렘을 공격할 것이다. 그러한 이유는 이방 사람의 목전에서 하나님의 거룩하심을 나타내어 그들로 여호와가 하나님임을 알게 하려 하심이라고 말하고 있다.

이 최후의 전쟁이 일어나고 그곳에 성전이 세워지게 된다. 이때 저희를 미혹하던 마귀를 불과 유황 못 불에 던지니 거기는 그 짐승과 거짓 선지자도 있어 세세토록 밤낮 괴로움을 당하게 되는 것이다. 이때 음부에 있던 영혼을 전부 다 끌어내어 올린다. 이것이 심판의 부활이다. 전부 부활한 다음에 심판하는데, 각 사람마다 한 두루마리, 자기가 일생동안 지은 죄가 두루마리에 고스란히 다 적혀 있는데, 이대로 심판을 받아서 전부 불과 유황으로 타는 못에 들어가게 되고 이 불못은 불도 꺼지지 않고 구더기도 죽지 않는다. 그런 곳에 죽지도 않고 세세토록 영원히 고난을 받게 된다. 이렇게 마지막 심판이 끝난다.

오늘 묵상의 말씀

천년왕국에 들어갈 준비가 되었는가? 마지막 심판이라 하면 겁이 나는가, 기대되는가?

최후의 승리자와 새 하늘 새 땅

21장은 최후 승리자에게 새 하늘과 새 땅이 열리는 내용을 기록하고 있다.

최후의 백 보좌 심판으로 지금까지 이 세상에 혼재되어 오던 하나님의 뜻과 사단의 뜻, 그리고 선과 악이 영원히 분리되어 모든 갈등이 종식되고 완전히 새롭게 된 새 하늘과 새 땅이 이루어지고, 거기에 예루살렘의 천국이 열리는 장면을 선명하게 알려주고 있다. 새 예루살렘 성이 하늘에서 내려오는데, 마치 신부가 결혼식 날을 위하여 단장한 것처럼 예뻤다. 출애굽기 19장 5-6절 약속의 성취 음성이 들린다. 그리고 신랑 예수님이 신부의 눈에 맺힌 모든 눈물을 씻어 주신다. 다시는 사망이 없고, 애통하는 것이나 곡하는 것이나 아픈 것이 다시 있지 아니할 것이다. 이기는 자에게는 이것을 유업으로 줄 것이니 확고하게 약속의 말씀을 붙잡고, 흔들리지 말고, 그날을 준비하라는 것이다. 그러나 안타깝게도 천국에 들어가지 못할 사람들이 있다. "두려워하는 자들과 믿지 아니하는 자들과 흉악한 자들과 살인자들과 행음하는 자들과 술객들과 우상 숭배자들과 모든 거짓말하는 자들을 불과 유황으로 타는 못에 던져질 것인데, 이는 둘째 사망"이라고 경고하고 있다. 이제 천사가 내게 나아와서 말한다. "이리로 올라오라", 그래서 가까이 갔더니 높은 산으로 데리고 가서 예루살렘 성전을 보여 주는데, 하나님의 영광이 가득한 12진주 문으로 문마다 진주 문이었다. 길은 유리 같은 정금이었다. 그 성은 해와 달의 비췸이 쓸데없고 이는 하나님의 영광이 비취고 어린양이 등이 되었다.

22장은 신구약 모든 성경에 기록된 계시가 종결되는 장이다. 1) 하나님과 어린양의 보좌로부터 수정같이 맑은 생명수의 강이 흘러나와 길 가운데로 흐른다. 2) 강 좌우에 생명나무가 있어 12가지 실과를 달마다 맺고, 그 나무 잎사귀들은 만국을 소성케 한다. 이것을 구속받은 성도들에게 하나님께서 생명을 주시고 과거의 모든 죄를 치유하심으로 금지된 상태를 회복하는 것이다. 3) 다시 저주가 없으며,

하나님과 그 어린양의 보좌가 그 가운데 있어서, 그 종들이 그를 섬기며 그의 얼굴을 보고, 저희의 이마에는 그의 이름이 새겨져 있다. 이런 상태는 창세기 3장의 잃어버렸던 에덴동산의 회복이요, 에스겔 47장의 바벨론 포로에서 희망적인 예루살렘 성전 회복의 역사가 최종적으로 완성되는 것이다. 거기에서 세세토록 왕노릇 하면서 지내게 될 것이다.

이렇게 천국의 계시를 사도 요한에게 보여주고 나서 3가지를 경고하고 있다. 1) 내가 속히 오리니 내가 줄 상이 내게 있어 각 사람에게 일한 대로 갚아 주리라. 2) 그 두루마기를 빠는 자들은 복이 있으니 이는 저희가 생명나무에 나아가며 문을 통하여 성에 들어갈 권세를 얻으려 함이로라. 3) 그러나 개들과 술객들과 행음자들과 살인자들과 우상 숭배자들과 및 거짓말을 지어내는 자마다 성 밖에 있으리라. 그러면서 예수님이 특별히 부탁하셨다. "내가 교회를 위하여 내 사자를 보내어 이것들을 너희에게 증거하게 하였노라. 나는 다윗의 뿌리요, 자손이니 곧 광명한 새벽이라 하시더라." 교회와 교회 목회자를 통하여 당신의 모든 것을 펼쳐나가도록 계시하셨으니 그의 말씀대로 하여 하나님의 사역에 참여하는 축복을 누리라는 것이다. 그리고 분명하게 경고하신다. "이 기록된 말씀 외에 더하면 하나님이 이 책에 기록된 재앙들을 그에게 더하실 것이요, 만일 누구든지 이 책의 예언 말씀에서 제하여 버리면 하나님이 이 책에 기록된 생명나무와 및 거룩한 성에 참여함을 제하여 버리시리라"

지금까지 우리는 처음 하늘과 처음 땅이 열리는 순간에서 새 하늘과 새 땅이 열리는 곳까지의 성령님의 인도 아래 여행을 마쳤다. 저자가 바라는 바는 이 글을 읽는 모든 사람이 성령의 감동으로 주님 오시는 그날을 바라보면서 충성하여 새 하늘과 새 땅의 축복을 누리는 일에 동참하기를 간절히 바라는 바이다, 마라나타!

오늘 묵상의 말씀

나는 최후의 승리자로서 새 하늘과 새 땅의 축복에 참여할 수 있을까?

1년 365일 매일 성경 읽기표

※ 성경을 읽기 전에 매일매일 그날에 해당되는 확인란에 체크하세요.

이름 :

	1월	확인	2월	확인	3월	확인	4월	확인	5월	확인	6월	확인
1일	창1-3		레4-6		신25-27		삼하1-3		왕하23-25		느4-6	
2일	창4-6		레7-9		신28-29		삼하4-6		대상1-3		느7-9	
3일	창7-9		레10-12		신30-31		삼하7-9		대상4-6		느10-11	
4일	창10-12		레13-15		신32-34		삼하10-12		대상7-9		느12-13	
5일	창13-15		레16-18		수1-3		삼하13-14		대상10-12		욥1-3	
6일	창16-18		레19-21		수4-6		삼하15-16		대상13-15		욥4-7	
7일	창19-21		레22-24		수7-9		삼하17-18		대상16-18		욥8-10	
8일	창22-24		레25-27		수10-12		삼하19-20		대상19-21		욥11-14	
9일	창25-27		민1-3		수13-15		삼하21-22		대상22-24		욥15-17	
10일	창28-30		민4-6		수16-18		삼하23-24		대상25-27		욥18-20	
11일	창31-33		민7-9		수19-21		왕상1-2		대상28-29		욥21-24	
12일	창34-36		민10-12		수22-24		왕상3-4		대하1-3		욥25-29	
13일	창37-39		민13-15		삿1-3		왕상5-7		대하4-6		욥30-33	
14일	창40-42		민16-18		삿4-6		왕상8-9		대하7-9		욥34-37	
15일	창43-45		민19-21		삿7-9		왕상10-11		대하10-12		욥38-42	
16일	창46-47		민22-24		삿10-12		왕상12-13		대하13-16		시1-8	
17일	창48-50		민25-27		삿13-15		왕상14-15		대하17-19		시9-16	
18일	출1-3		민28-30		삿16-18		왕상16-18		대하20-22		시17-21	
19일	출4-6		민31-33		삿19-21		왕상19-20		대하23-25		시22-26	
20일	출7-9		민34-36		룻1-2		왕상21-22		대하26-28		시27-31	
21일	출10-12		신1-3		룻3-4		왕하1-2		대하29-31		시32-36	
22일	출13-15		신4-6		삼상1-3		왕하3-4		대하32-34		시37-41	
23일	출16-18		신7-9		삼상4-6		왕하5-6		대하35-36		시42-49	
24일	출19-21		신10-12		삼상7-9		왕하7-8		에1-3		시50-56	
25일	출22-24		신13-15		삼상10-12		왕하9-11		에4-6		시57-64	
26일	출25-27		신16-18		삼상13-15		왕하12-14		에7-10		시65-69	
27일	출28-30		신19-21		삼상16-18		왕하15-16		스1-3		시70-74	
28일	출31-33		신22-24		삼상19-21		왕하17-18		스4-6		시75-78	
29일	출34-37				삼상22-24		왕하19-20		스7-8		시79-86	
30일	출38-40				삼상25-27		왕하21-22		스9-10		시87-91	
31일	레1-3				삼상28-31				느1-3			

* (Roadmap) 통독 성경 프로그램과 함께 진행됩니다.

	7월	확인	8월	확인	9월	확인	10월	확인	11월	확인	12월	확인
1일	시92-101		사8-12		렘46-48		학1-2		눅21-22		고후1-4	
2일	시102-105		사13-17		렘49-50		슥1-4		눅23-24		고후5-9	
3일	시106-108		사18-23		렘51-52		슥5-7		요1-3		고후10-13	
4일	109-118		사24-28		나1-3		슥8-10		요4-6		롬1-3	
5일	시119:1-98		사29-32		습1-3		슥11-14		요7-8		롬4-7	
6일	시119:99-196		사33-36		옵1,합1-3		말1-4		요9-11		롬8-11	
7일	시120-131		사37-39		겔1-3		마1-4		요12-13		롬12-14	
8일	시132-140		사40-42		겔4-7		마5-7		요14-15		롬15-16	
9일	시141-145		사43-45		겔8-11		마8-10		요16-17		엡1-3	
10일	시146-150		사46-50		겔12-14		마11-13		요18-19		엡4-6	
11일	잠1-5		사51-55		겔15-17		마14-16		요20-21		빌1-4	
12일	잠6-10		사56-59		겔18-20		마17-20		행1-3		골1-4	
13일	잠11-15		사60-63		겔21-22		마21-23		행4-6		몬1,딤전1-3	
14일	잠16-20		사64-66		겔23-24		마24-25		행7-9		딤전4-6	
15일	잠21-24		미1-4		겔25-28		마26-28		행10-12		딛1-3	
16일	잠25-28		미5-7		겔29-32		막1-3		행13-15		딤후1-4	
17일	잠29-31		렘1-3		겔33-35		막4-5		행16-18		벧전1-5	
18일	전1-6		렘4-6		겔36-37		막6-8		행19-21		벧후1-3	
19일	전7-12		렘7-9		겔38-39		막9-10		행22-25		히1-3	
20일	아1-4		렘10-13		겔40-41		막11-12		행26-28		히4-7	
21일	아5-8		렘14-16		겔42-43		막13-14		갈1-3		히8-10	
22일	욜1-3		렘17-20		겔44-46		막15-16		갈4-6		히11-13	
23일	암1-5		렘21-23		겔47-48		눅1-2		약1-5		요일1-5	
24일	암6-9		렘24-25		단1-2		눅3-4		살전1-5		요이,요삼,유	
25일	호1-4		렘26-28		단3-4		눅5-6		살후1-3		계1-3	
26일	호5-7		렘29-31		단5-6		눅7-8		고전1-4		계4-7	
27일	호8-10		렘32-33		단7-9		눅9-10		고전5-8		계8-11	
28일	호11-14		렘34-36		단10-12		눅11-13		고전9-11		계12-15	
29일	욘1-4		렘37-38		애1-3		눅14-16		고전12-14		계16-18	
30일	사1-3		렘39-41		애1-5		눅17-18		고전15-16		계19-20	
31일	사4-7		렘42-45				눅19-20				계21-22	

* 내 눈을 열어서 주의 율법에서 놀라운 것을 보게 하소서 (시 119:18)

365일 로드맵 바이블 성경통독

주님과 함께 현장과 함께(Ⅲ)

마태복음-요한계시록

| 저 자 | 이 희 만
| 인 쇄 | 2018년 3월 10일
| 발 행 | 2018년 3월 24일

| 발 행 인 | 한뿌리
| 발 행 처 | 有하
| 주 소 | 서울 강서구 방화대로 44길 49(방화동 183)
| 전 화 | 02-2663-5258
| 팩 스 | 02-2064-0777
| e – mail | iman153@hanmail.net

| 출판등록 | 2014년 4월 24일
| 등록번호 | 제 2016-000004호

| ISBN | 979-11-85927-17-6
| 정 가 | 10,000원